Dein Schicksal aus den Karten

Brigitte Glaser

DEIN SCHICKSAL AUS DEN KARTEN

FALKEN TaschenBuch

Von derselben Autorin ist im FALKEN TaschenBuch bereits erschienen:
Reiki (Nr. 60247)

Dieses Buch wurde auf chlorfrei gebleichtem
und säurefreiem Papier gedruckt

Originalausgabe
ISBN 3 635 60241 8

Umschlaggestaltung: Zembsch' Werkstatt, München
Layout: David Barclay, Neu-Anspach
Redaktion: Sabine Weeke/Susanne Janschitz
Herstellung: Michael Greiss
Titelbild: Zembsch' Werkstatt, München
Bildquellennachweis: Spielkartenfabrik Altenburg GmbH
Satz: Raasch & Partner GmbH, Neu-Isenburg
Druck: Media-Print Informationstechnologie, Paderborn

Die Ratschläge in diesem Buch sind von der Autorin und vom Verlag sorgfältig erwogen und geprüft, dennoch kann eine Garantie nicht übernommen werden. Eine Haftung der Autorin bzw. des Verlags und seiner Beauftragten für Personen-, Sach- und Vermögensschäden ist ausgeschlossen.

817 2635 4453 62

Inhalt

Vorwort

Brigitte Glaser

Dies ist ein Buch für alle, die sich mit der Kunst des Kartenlegens mit einfachen Skatkarten vertraut machen möchten.
In jedem von uns ist eine mystische Begabung verborgen. Nur die wenigsten wissen davon oder sind in der Lage, damit umzugehen. Die Menschen haben im heutigen Computerzeitalter die Beziehung zu den wesentlichen Kräften der Natur und des Ursprungs verloren. Unsere Vorfahren hingegen hatten eine natürliche Einstellung zu den in unserer technisch geprägten Zeit nicht erklärbaren Vorgängen. Daß diese Dinge nach wie vor Gültigkeit haben, sieht man bei den Naturvölkern, für die auch heute der Umgang mit dem Übersinnlichen selbstverständlich ist. Ein Beispiel sind die Medizinmänner bei den Indianern mit ihren heilenden Kräften und ihren Weissagungen. Ebenso haben die asiatischen Völker in ihren Religionen ein natürliches Verhältnis zur Mystik.
Die westliche Kultur erkennt immer mehr, daß das rein technisch-wissenschaftliche Denken die Seele und Persönlichkeit des Menschen verkümmern läßt. Viele gehen daher auf der Suche nach dem Sinn des Lebens den Weg in die Esoterik. Die Esoterik öffnet viele Wege, sei es über die Astrologie, das Pendeln, das Handlesen … Einer davon ist das Kartenlegen.
Alle, die sich für eine dieser Möglichkeiten entscheiden, haben die weiße Magie gewählt. Wer die Fähigkeit hat, mit der Mystik umzugehen, muß positives Denken in den Vordergrund stellen. Man sollte niemals sein Wissen benutzen, um Menschen zu manipulieren. Dieser Verantwortung sollte man sich immer bewußt sein.
Das Kartenlegen ist eine Fertigkeit, die grundsätzlich jeder erlernen

kann. Dazu gehören Geduld, Einfühlungsvermögen und der intuitive Bezug zur Karte. Oft sind diese Fähigkeiten in uns verschüttet. Sie können jedoch, durch den stetigen Umgang mit den Karten, wieder aktiviert werden. Intuition kann Ihnen durch dieses Buch nicht vermittelt werden. Positive oder negative Aussagen werden individuell bewertet. Regeln gibt es dafür nicht. Zur Erkenntnis dieser Fähigkeit gelangen Sie erst, wenn Sie sich mit dem Wissen dieses Buches und der Technik des Legens vertraut gemacht haben.

In diesem Buch gebe ich Ihnen meine Erkenntnisse, die ich in zwanzigjähriger Tätigkeit als Kartenlegerin und esoterische Naturheilkundlerin erfahren habe, weiter. Ich möchte den Menschen die Möglichkeit geben, sich und auch anderen Lebenshilfe zu sein.

Ich würde mich freuen, wenn diese Ausführungen zum Kartenlegen für verantwortungsvolle Menschen ein Anstoß sind, sich auf den Ursprung des Lebens und die uns innewohnenden Kräfte zu besinnen. Beim richtigen Umgang mit den Karten haben Sie die Möglichkeit, sich von der Hektik des Alltags zu lösen, um in sich zu ruhen und die inneren Kräfte zu sammeln.

Bei der Arbeit mit diesem Buch wünsche ich Ihnen viel Freude und für Sie wichtige, neue Erkenntnisse.

Wenn Sie Interesse an meinem Tagesseminar im Kartenlegen haben oder eine persönliche Beratung in meiner Praxis oder per Telefon wünschen, schreiben Sie mir bitte an folgende Adresse:

Brigitte Glaser
Im Dahl 44
53117 Bonn

Mein besonderer Dank gilt Frau Ursula Vogt. Ohne ihre engagierte Mitarbeit und organisatorische Hilfe hätte dieses Buch nicht entstehen können.

Herz – Liebe und Familie

Herz-As

Herz-As bedeutet das Haus bzw. ein Gebäude. In Verbindung mit Personenkarten handelt es sich immer um eine häusliche oder familiäre Situation. Im Berufsleben ist die Karte immer mit dem Familienbetrieb verbunden. Charakterlich ist die Person ein häuslicher oder ein familiärer Mensch. Im negativen Sinne ist es der Stubenhocker.

Herz 10

Bei Herz 10 handelt es sich fast immer um die Ehekarte oder die Karte für das eheähnliche Verhältnis. Auch wenn man nicht zusammen lebt, kann diese Karte die Festigkeit einer Beziehung zeigen. Sie bedeutet aber auch die feste Verbindung mit einer Sache, zum Beispiel mit dem Beruf verheiratet zu sein. Die Person ist ehewillig, treu, charakterfest und zuverlässig. Negativ interpretiert geht sie zu verbissen an eine Sache heran. Diese Person kann nicht loslassen und klammert.

Herz-König

Herz-König ist immer die männliche Hauptperson beim Legen für einen Mann. Legt man für eine Frau, ist es die männliche Person, die ihr gefühlsmäßig am nächsten steht. Meist ist es der derzeitige oder zukünftige Liebhaber bzw. Partner. Es muß nicht der Ehemann sein!

Herz-Dame

Herz-Dame ist immer die weibliche Hauptperson. Es gelten die gleichen Aussagen wie für den Herz-König.

Herz-Bube

Herz-Bube ist das Lieblingskind bzw. das jüngste Kind. Herz-Bube steht auch für die Sexualität, meist durch Kombinationen erkennbar. Oft zeigt die Karte in Verbindung mit Herz-König an, daß der Geliebte oder der Mann jünger ist. Im Zweifelsfall steht die Karte für ein Tier (Lieblingshund). Neben einer Sachkarte bedeutet sie die Erneuerung, den Neubeginn bzw. die Bereitschaft zu lernen. In der Kombination mit Herz 10 ist man zum Beispiel bereit, die Ehe neu anzugehen. Als Charakterkarte drückt Herz-Bube ein kindliches Gemüt aus.

Herz 9

Herz 9 vermittelt uns eine der positivsten Aussagen im gesamten Bild. Es ist die absolute Liebe, die absolute gefühlsmäßige Verbindung mit einer Person oder einer Sache. Dieser Mensch ist gefühlsbetont, liebevoll, anhänglich und beständig. Er denkt positiv und glaubt trotz Schicksalsschlägen immer wieder an das Gute.

Herz 8

Immer wenn Herz 8 am Ende eines negativen Bildes steht, bedeutet es den guten Ausgang einer Sache. Eine Situation ist harmonisch, zwischen Personen herrscht Harmonie. Hat eine Person diese Karte neben sich liegen, ist sie absolut harmoniebedürftig und verträgt weder Hektik noch Streit, egal ob es sich um eine private oder um eine berufliche Situation handelt.

Herz 7

Herz 7 ist eine Schlüsselkarte.
Es ist die Karte der Untreue. Sie zeigt an, in welcher Situation sich der Klient befindet, zum Beispiel ob Partnerschaftsprobleme (wegen Untreue) oder berufliche Schwierigkeiten (aufgrund von Intrigen oder Betrug) vorliegen. Auch kann es sich um unehrliche Erbschaftsangelegenheiten handeln. Beim Legen der Karten sollte der erste Blick immer auf diese Karte gerichtet werden, da in dieser Kombination oft schon das Grundthema zu erkennen ist. Herz 7 steht für das Heimliche, das Unehrliche, das Mißtrauen und für den Betrug.

Karo – Job, Geld und Erfolg

Karo-As

Bei Karo-As handelt es sich generell um den Beruf bzw. um das Studium oder die gehobene Ausbildung. Es ist auch die Karte für Reichtum und Besitz, zum Beispiel Eigentum: das Haus oder Grundstück, die Eigentumswohnung. Man ist im Beruf absolut erfolgreich. Liegt Karo-As neben einer Personenkarte, so handelt es sich um jemanden, der Erfolg hat, nach Macht strebt und auch Macht besitzt. Karo-As zeugt auch von hoher Intelligenz. Wichtig bei Kindern mit Schulproblemen, die das Karo-As neben sich liegen haben: Eventuelles Versagen resultiert nicht aus mangelnder Intelligenz, sondern zum Beispiel aus dem sozialen Umfeld. Darüber geben die umliegenden Karten Auskunft.

Karo 10

Karo 10 ist die Geldkarte schlechthin. Es kann sich um eine Erbschaft oder eine allgemeine finanzielle Zuwendung handeln. Man hat dieses Geld nicht unbedingt selbst verdient. Es ist von außen zugeflossen. Es könnte zum Beispiel das Krankengeld, der Gewinn, die Gratifikation oder auch ein Geschenk von hohem materiellem Wert sein. Unabhängig von der finanziellen Aussage bedeutet die Karte Anerkennung im beruflichen Bereich. In der Beziehung achtet und bewundert man den Partner. Im negativen Sinne ist es ein Mensch, der nach Anerkennung strebt, ein Angeber, der mit Geld und Erfolg herumprahlt und über seine Verhältnisse lebt. Er hat den Bezug zur Wirklichkeit verloren. Es kann ein Spieler sein. Dies ist jedoch erst in der Kombination mit anderen Karten erkennbar.

Karo-König

Karo-König ist oft in Verbindung mit Herz- oder Pik-König zu interpretieren. Er sagt aus, wie man diesen Mann kennengelernt hat. Es kann ein ehemaliger oder derzeitiger Kollege sein, ein Mensch, den man durch eine berufliche Situation bzw. eine Schule kennengelernt hat, zum Beispiel während eines Seminars, bei einem Betriebsausflug, auf einer Geschäftsreise. Für den Beruf kann alternativ das Hobby stehen: Sportverein, Fitness-Club, Sauna. Eine weitere Zuordnungsmöglichkeit ist der Nachbar oder ein Mann, den man über eine Heiratsanzeige kennengelernt hat oder kennenlernen wird. Allein interpretiert steht Karo-König als Ersatzkarte für einen guten Freund, Mäzen (altersunabhängig), Schwager, Patenonkel, Bruder, Sohn oder Geschäftspartner. Charakterlich ist diese Person fast immer hilfsbereit und beeinflußt das Geschehen positiv.

Karo-Dame

Es gelten die gleichen Aussagen wie für den Karo-König.

Karo-Bube

Dies ist die absolute Glückskarte. Alle schlechten Bilder, die mit Karo-Bube enden, bekommen eine positive Wende. Liegen nach Karo-Bube schlechte Karten, hat die Person ein schweres Schicksal zu erwarten. Wer jedoch Karo-Bube neben sich liegen hat, ist ein Glückskind. Für sein Umfeld ist er ein positiver und glücklicher Mensch. Andere suchen seine Nähe. Es besteht aber auch die Gefahr, daß er mit deren Problemen zu sehr konfrontiert wird.

Karo 9

Karo 9 verkörpert das Ideelle im Menschen und das Ideelle zu seinem Umfeld. Berufsveränderungen mit Karo 9 bedeuten Veränderungen nicht aus materiellen, sondern aus ideellen Gründen. In einer Beziehung ergänzt man sich absolut; man hat sein Pendant gefunden. Negativ betrachtet fehlt der Blick für die Wirklichkeit, man sieht alles durch eine rosarote Brille.

Karo 8

Karo 8 verdeutlicht die Berufstätigkeit. Jedoch ist diese nicht ganz so erfolgreich wie beim Karo-As. Deutet man für einen älteren Menschen, ist dieser agil, unternehmungslustig und engagiert. Er legt die Hände nicht in den Schoß.

Karo 7

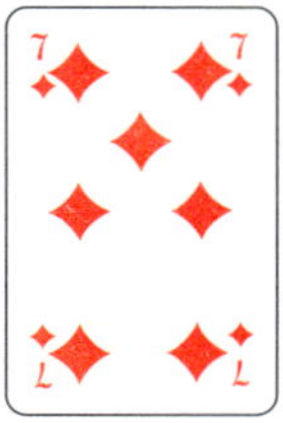

Karo 7 ist ebenfalls eine Berufskarte. Sie dient meistens als Ersatzkarte für eine Berufssituation. Als Charaktereigenschaften werden diesem Menschen Beständigkeit und Zuverlässigkeit zugeordnet.

Pik – Reisen, Justiz und Behörden

Pik-As

Pik-As zeigt das Amt, die Behörde, die Polizei und das Gericht an. Des weiteren ist es die Karte für das Rechtswesen (Verträge) sowie die Prüfungskarte. Bei einer Personenkarte liegend sagt diese Karte aus, daß die Person eine Entscheidung treffen muß, die durch die umliegenden Karten bestimmt wird. Charakterlich ist diese Person sehr geradlinig und akurat. Negativ ausgedrückt neigt sie zu Rechthaberei (der „Korinthenkacker").

Pik 10

Pik 10 steht als Aussage für Ausland und Bewegung. Sie zeigt große Veränderungen an, eine weite Reise (Auslandsreise), einen Umzug an einen entfernten Ort, zum Beispiel ins Ausland. Es kann der absolute Umbruch im Leben sein. In bezug auf die Sache steht die Karte für ein Beförderungsmittel (Auto, Bus, Flugzeug, Schiff). Neben einer Personenkarte liegend vermittelt sie, daß es sich um einen Ausländer oder jemanden handeln kann, der von weit her kommt. Charakterlich ist diese Person reiselustig oder hat Fernweh. Negativ interpretiert handelt es sich um einen wechselhaften, unbeständigen Menschen.

Pik-König

Pik-König ist immer der Mann, der nur die zweite Geige spielt, der geschiedene oder noch existente Mann. Wenn ein Liebhaber da ist, ist es der Mann, von dem man sich gerade löst. Er existiert nur noch als guter Freund, man empfindet zu ihm keine tiefe Liebe mehr. Als Ersatzkarte steht er für den Bruder oder den Sohn.

Die einzige Ausnahme bildet die Homosexualität: Da wird Pik-König zum Partner des Herz-Königs.

Pik-Dame

Sie ist – genau wie bei Pik-König – die Ehefrau bzw. die geschiedene Frau, für die man keine Liebe empfindet. Es kann aber auch die Tochter, die Schwiegertochter oder die Schwester der Hauptperson sein.

In einer lesbischen Beziehung ist Pik-Dame die Partnerin der Herz-Dame. Liegt Herz-König daneben, zeigt es ihre dominante Rolle in der Beziehung an.

Pik-Bube

Pik-Bube steht für das männliche Kind. Alternativ dazu kann es als ein Tier, zu dem eine sehr enge Verbindung besteht, interpretiert werden (Kind-Ersatz). Als Charakter ist es der jungenhafte Mann, der ewige Lausbub.

Pik 9

Man braucht sich um eine schwierige Situation keine Sorgen zu machen. Grundsätzlich bedeutet Pik 9 vor einer Aussage gelegen eine Warnung. Man ist zu sorglos oder verdrängt ein Problem. Als Charakterisierung sagt die Karte aus, daß man verantwortungslos, schwach und labil ist (der Verdrängungskünstler).

Pik 8

Pik 8 steht für Veränderungen oder Erwartungen. Die Karte deutet auf einen kleinen Umzug, eine Wochenendreise oder eine Nachricht, zum Beispiel die Erwartung eines Briefes bzw. eines Telefonats hin. Charakterlich ist diese Person wechselhaft und unsicher. Sie kann nur schwer auf andere zugehen und befindet sich immer in Erwartungshaltung.

Pik 7

Pik 7 ist nur in der Zuordnung zu interpretieren. Sie zeigt überwiegend charakterliche Eigenschaften an: Die Person ist ängstlich oder in Erwartungshaltung. In Verbindung mit Situationen oder Personen drückt die Karte eine Warnung aus.

Kreuz – *Medizin, Soziales, Esoterik, Sorgen*

Kreuz-As

Kreuz-As ist die Karte der Krankheit und des Leids, aber auch die Karte des Sozialen und der Medizin. Liegt Kreuz-As neben einer Personenkarte, so ist dieser Mensch positiv gesehen sozial und hilfsbereit. Negativ interpretiert ist er schwach, unselbständig, unfähig, anfällig, süchtig und chaotisch.

Kreuz 10

Kreuz 10 bedeutet den ewigen Kampf, im positiven Sinne die Diskussion. Man kämpft für eine erfolgreiche Sache, fast schon fanatisch, man ist diskussionsfreudig und gibt nicht auf. Im negativen Sinn steht die Karte für Streit und Aggression. Der Mensch ist streitsüchtig, aggressiv und dogmatisch.

Kreuz-König

Kreuz-König ist die Vaterfigur. Neben Herz-König gelegen weist die Karte auf den älteren Partner (mindestens sieben bis zehn Jahre älter) hin. Meistens ist damit der Vater, der Schwiegervater oder beispielsweise der ältere Geschäftspartner gemeint. Charakterlich ist dieser Mann väterlich, treusorgend und verständnisvoll.

Kreuz-Dame

Gleiche Deutung wie beim Kreuz-König. Hier ist es die Mutter bzw. die Schwiegermutter. In Kombination mit Herz-Dame ist die Partnerin immer älter, auch wenn es nur ein paar Tage sind.

Kreuz-Bube

Kreuz-Bube ist die negativste Karte im Bild. Er ist die absolute Verneinung einer Sache, die Beendigung bzw. das Nichtgelingen einer Situation, zum Beispiel im Beruf. Er kann den Tod bedeuten, eventuell die Witwenschaft. Im Zweifelsfall – **ganz selten!** – ist Kreuz-Bube die Ersatzkarte für ein Kind. Er vermittelt jedoch auch die Zuordnung zur Esoterik und zur Astrologie im Zusammenhang mit dem Berufsbild.

Kreuz 9

Kreuz 9 drückt die berechtigten Sorgen und Zweifel aus. Liegt die Karte neben einer Personenkarte, so werden der Person Mißtrauen und Eifersucht als Charaktereigenschaften zugeschrieben.

Kreuz 8

Kreuz 8 ist die Karte der Schwäche und des Kummers. Sie ist auch die Karte des Medizinischen und des Sozialen. Sie ist zu vergleichen mit Kreuz-As, allerdings nicht so hoch in der Wertigkeit. Liegt Kreuz 8 neben einer Person, ist diese kränklich, schwächlich und nicht belastbar. Es kann sich auch um chronische Krankheiten handeln.

Kreuz 7

Die Karte ist nur in der Zuordnung zu interpretieren. Man ist traurig, depressiv und negativ eingestellt. Endet eine Situation mit Kreuz 7, so ist diese für die betreffende Person mit Tränen verbunden.

Kombinationen mit Herz

Bei den meisten der folgenden Darstellungen sind die Kombinationen nebeneinander angeordnet. In der Auslage können die Kombinationen genausogut übereinander oder sogar diagonal erscheinen. Wichtig ist nur, daß die Karten sehr nahe beieinander liegen müssen, sonst sind sie nicht als Kombination zu interpretieren.

Grundsätzlich gilt:
Herz-As läßt sich kaum mit anderen Herz-Karten deuten. Es entstehen keine sinnvollen Aussagen. Herz-As hat seine Bedeutung durch sich selbst oder in der Kombination mit Karo, Pik oder Kreuz.

Herz-As/Herz 7

Als wichtigste Ausnahme ist diese Kombination zu sehen. Sie bedeutet Heimlichkeit, Unehrlichkeit und Untreue im privaten Bereich.

Herz-As/Karo-As

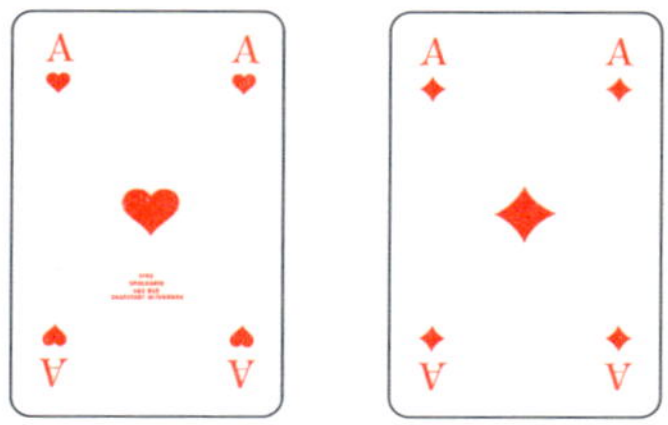

In Kombination mit einer Personenkarte sehen wir, in welcher beruflichen Situation sich die betreffende Person befindet. In diesem Falle ist sie selbständig, hat eine eigene Firma oder eine sehr gehobene Position. Unter anderem sagt diese Kombination aus, daß diese Person Eigentum hat.

Herz-As/Karo-As/Pik-As

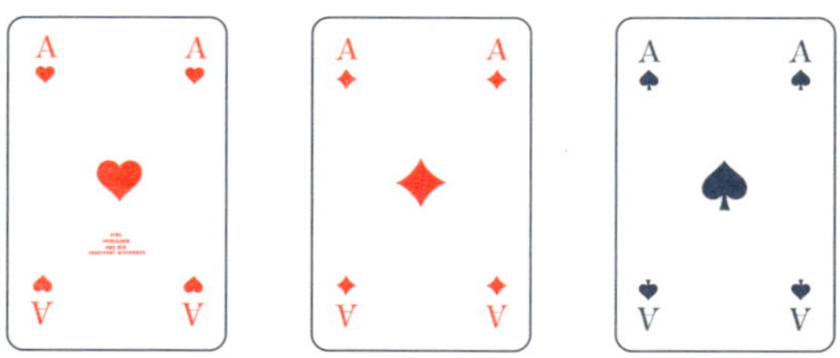

Als Berufsbereich stellt dieses Bild meist den Rechtsanwalt, den selbständigen Betriebs-, Volks- oder Finanzwirt sowie den Steuerberater dar. Es kann auch der Polizeikommissar sein. Als Gebäude interpretiert ist es das Justizministerium, die Polizeibehörde, das Finanzamt oder das Verteidigungsministerium, einfach alles, was mit Recht und Ordnung zu tun hat. Die Person ist entsprechend ihrem Berufsbild in diesem Bereich tätig. Wenn das Bild keine Aussage über den Berufsbereich gibt, handelt es sich um einen Notarvertrag wegen eines Hauses.

Herz-As/Karo-As/Pik-As/Herz-Bube *oder* Herz-As/Karo-As/Pik-As/Karo-Bube

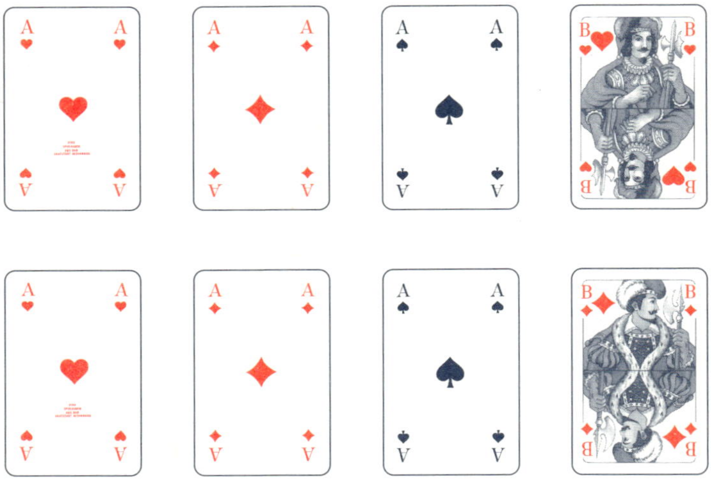

Hier erkennen wir wieder als Gebäude ein Amt. Durch die Kombination mit Herz-Bube oder Karo-Bube kann es das Jugendamt, das Schulamt, die Schule oder das Ministerium für Jugend und Familie sein. Wie bereits erklärt, kann Herz-Bube auch für ein Tier stehen. In diesem Zusammenhang wäre es ein städtisches Tierheim oder ein Veterinäramt. Als Studienrichtung wäre es Biologie oder Umweltschutz.

Herz-As/Karo-As/Pik-As/*Pik 10*

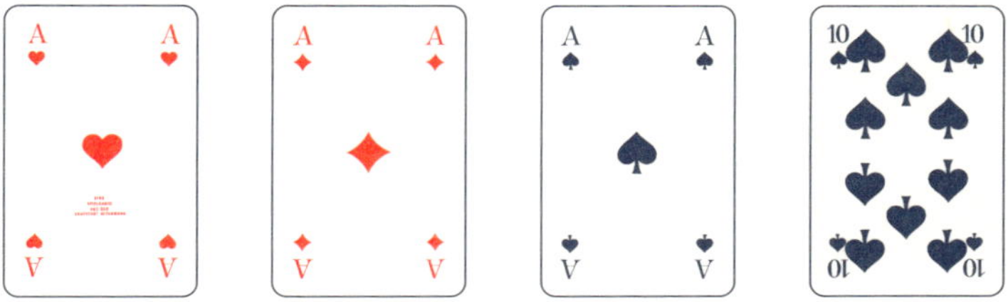

Als Gebäude und Einrichtung steht das Bild für das Außenministerium, das Ausländeramt, die Botschaft, das Verkehrsministerium oder den TÜV. Als Berufsbild ist es der Botschafter, der Außenminister, der Verkehrsminister oder eine leitende Tätigkeit in einem der beschriebenen Ämter.

Herz-As/Karo-As/Herz-*Bube*

Hier handelt es sich um einen Beruf, der mit Kindern zu tun hat, zum Beispiel Lehrer oder Kindergartenleiter. Es geht um die Bereiche Ausbildung und Erziehung. Als Alternative ist es ein Biologe.

Herz-As/Karo-As/Pik-As/Kreuz-As

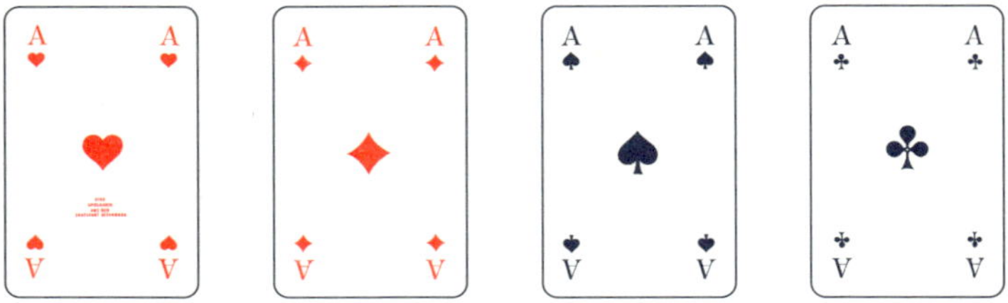

Dieses Amt bekommt durch Kreuz-As die Zuordnung in den medizinisch-sozialen Bereich. Es kann das Sozialamt sein, das Gesundheitsministerium oder auch das Gesundheitsamt.

Herz-As/Karo-As/Kreuz-As

Als Gebäude ist es das Krankenhaus, das Sanatorium oder eine sonstige soziale Einrichtung. Als Berufsbild umfaßt es den medizinisch-sozialen Bereich. Zum Beispiel: Arzt, selbständiger Masseur, selbständige Kosmetikerin, Apotheker oder Pharma-Referent. Es handelt sich immer um das gehobene Berufsbild, die Selbständigkeit, den Akademiker, die leitende Position. Sollten diese Aussagen nicht zutreffen, so hat die Person Probleme in ihrem beruflichen Umfeld und kann sich nicht entwickeln.

Ersatzweise für die vorherige Kombination:

Herz-As/*Karo 8*/*Kreuz 8*
Herz-As/*Karo 7*/*Kreuz 8*

In diesem Falle gelten die gleichen Aussagen wie bereits bei Herz-As/Karo-As/Kreuz-As beschrieben. Das Berufsbild ist allerdings nicht so hoch gestellt: Es entspricht der Krankenschwester, der Arzthelferin, dem Pfleger, dem Sanitäter oder dem pharmazeutisch-technischen Assistenten.

Herz-As/Karo-As/Kreuz-As/Herz-Bube

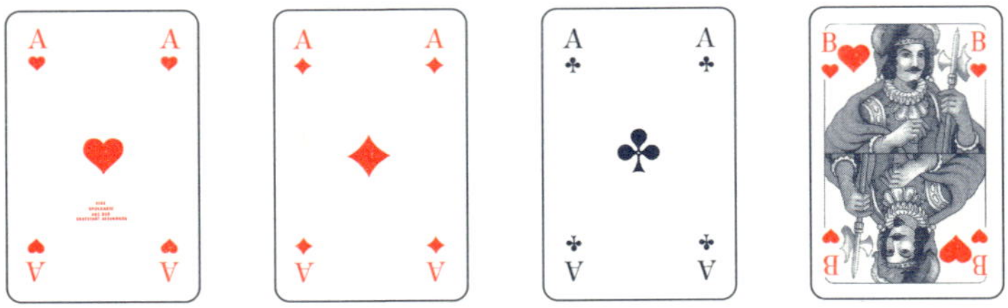

Hier wird das Berufsbild Arzt durch den Herz-Buben zum Kinderarzt, Gynäkologen, Urologen oder Veterinärmediziner präzisiert.

Herz-As/Karo-As/Pik 10

Die Kombination steht für den Flughafen, das Reisebüro, das Taxiunternehmen, den Import-Export-Handel, das Kfz-Unternehmen, die Kfz-Werkstatt, das Transportunternehmen. Es kann ein Pilot, ein selbständiger Taxiunternehmer oder ein selbständiger Außenhandelskaufmann sein. Die Berufsbilder entsprechen den oben genannten Unternehmen. Wird Karo-As durch Karo 8 oder Karo 7 ersetzt, handelt es sich um ein Angestelltenverhältnis. Es ist die Stewardeß, der Busfahrer, der Fernfahrer, der Reisebürokaufmann oder der Kfz-Schlosser.

Herz-As/Karo-As/Pik-As/Kreuz-Bube

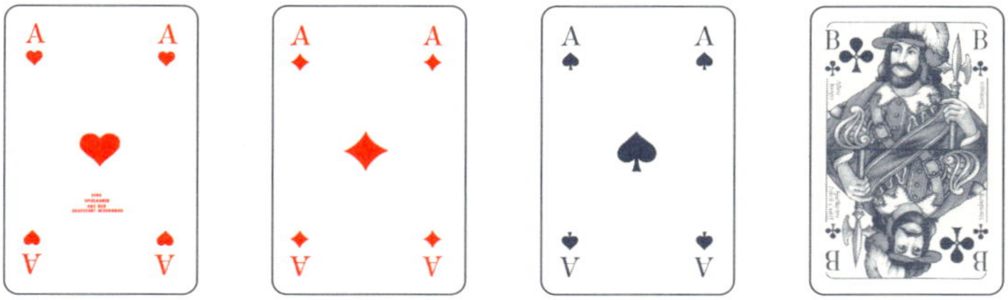

Diese Karten symbolisieren das Gefängnis, die Justizvollzugsanstalt, das Krematorium oder die Pathologie. Als Berufsbild haben wir den Gerichtsmediziner oder den Gefängnisdirektor. Alternativ kann eine gerichtliche Angelegenheit wegen Eigentum negativ ausgehen.

Herz-As/Karo-As/Kreuz-Bube

Diese Kombination steht für den Verlust der Selbständigkeit und des Arbeitsplatzes. Bei einer Firma bedeutet es deren Konkurs. Folgt ein Pik-As, wird es gerichtliche Folgen haben. Als Berufsbild ist es der Astrologe, der Psychologe oder der Esoteriker. In diesem Falle hat der Kreuz-Bube keine negativen Aussagen.

Herz-As/Karo-As/Kreuz 10/Kreuz 7

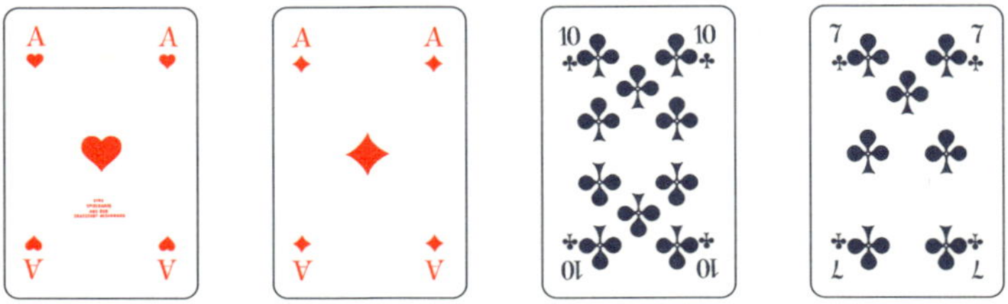

Es ist der ewige Kampf um die Existenz, der erfolglos geführt wird. Es ist nicht die Beendigung des Berufes.

Herz-As/Karo 10

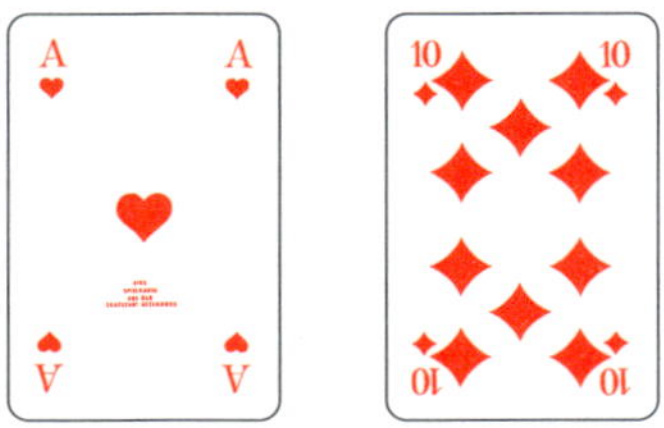

Hier hat die betreffende Person eine finanzielle Zuwendung in Form einer Erbschaft (Grundstück oder Haus) zu erwarten.

Herz-As/Karo 10/Kreuz-Bube

Es gibt zwei Möglichkeiten, diese Aussage zu interpretieren. Zum einen kann es den Verlust von Eigentum bedeuten. Erwartet die Person eine Erbschaft, so wird sie diese nicht erhalten. Besitzt sie bereits Eigentum, wird sie es mit Sicherheit verlieren. Über den Grund geben die anderen Karten im Umfeld Auskunft.

Herz-As/Karo 10/Herz 7

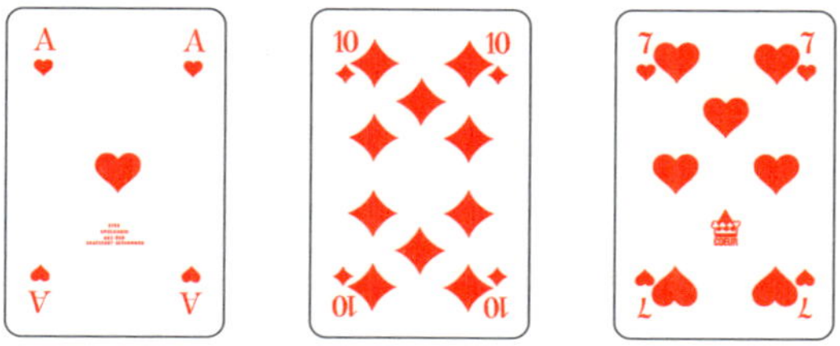

Mit Herz 7 kommt die Unehrlichkeit ins Spiel. Die Person muß damit rechnen, daß sie finanziell betrogen wird. Es ist ein Gewinn, den man nicht erhält, oder die Miete, die nicht gezahlt wird. Herz 7 ist immer als Warnung zu verstehen.

Herz-As/Karo-König

Hier steht der Karo-König für den guten Freund im häuslichen Bereich. Es kann auch der Kollege sein, mit dem man privat befreundet ist. Das gleiche gilt für Herz-As/Karo-Dame.

Herz-As/Karo-Dame/Herz 7
Herz-As/Karo-König/Herz 7

Mit Sicherheit handelt es sich um eine falsche Freundin beziehungsweise einen falschen Freund, die sich unehrlich eingeschlichen haben. Sie geben sich positiv, sind aber „falsch wie die Nacht“.

Kombinationen

Herz-As/Karo-*Bube*/*Karo* 9/Kreuz-As *oder* Herz-As/Karo-*Bube*/*Karo* 9/Kreuz-*Bube*

Grundsätzlich handelt es sich um eine Person, die im privaten Bereich sehr positiv und ideell ist. Durch äußere Umstände sind ihr alle diese Ideale genommen worden.

Herz-As/Pik-As/Pik 10

Die Karten weisen auf den Umzug hin, der durch einen Gerichtstermin veranlaßt wird. Die Person wird aus ihrer Wohnung herausgeklagt.

Herz-As/Pik-As/Pik 10/Karo-As
oder Herz-As/Pik-As/Pik 10/Karo 10

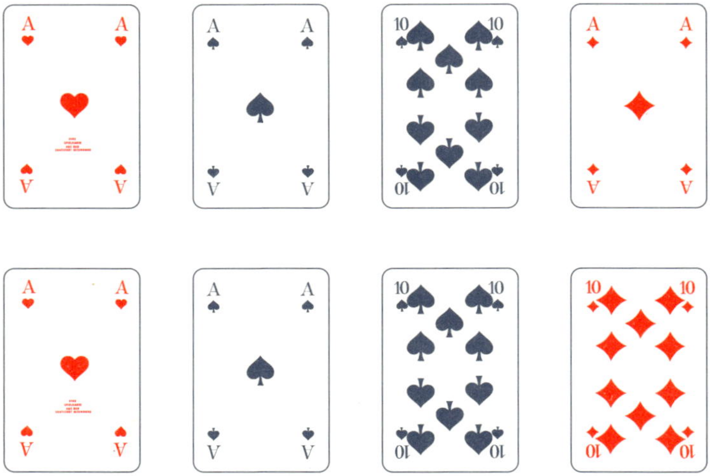

Hier handelt es sich um die Umschuldung einer Hypothek. Folgt auf diese Kombination eine Kreuz-Karte, hat die Umschuldung eine negative Auswirkung auf den Besitzer, denn die Schulden werden größer.

Herz-As/Pik 10

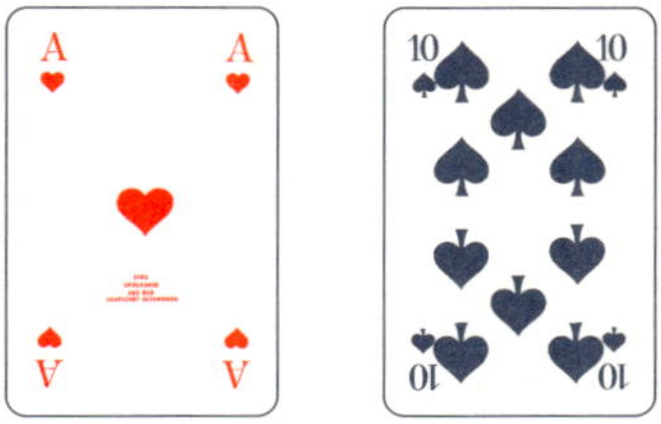

Die Kartenkombination steht für einen Umzug in die Ferne, unter Umständen ins Ausland. Es muß nicht der eigene Auszug sein, sondern kann auch bedeuten, daß eine Person zuzieht. Auf alle Fälle steht eine größere räumliche Veränderung bevor. Alternativ kann es der Umbau oder eine größere Renovierung im Haus oder in der Wohnung sein. Treffen diese Aussagen nicht zu, so kann es sich auch um einen Wohnwagen handeln. Genaueres sagen die Karten im Umfeld.

Herz-As/Pik 8

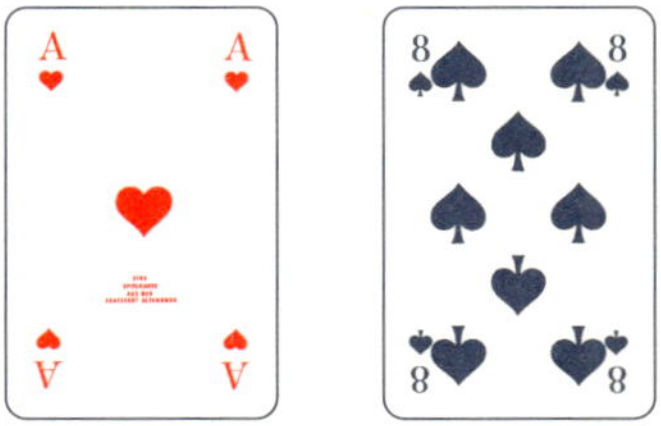

Diese Kombination entspricht der mit Pik 10 gemachten Aussage, nur sind die Veränderungen nicht ganz so groß (Umzug am Ort).

Herz-As/Pik 7/Pik 8

Die betreffende Person erhält eine Warnung vor Veränderungen im privaten Bereich.

Herz-As/Pik 7/Pik 8/Kreuz-Dame

Dieses Kartenbild ist eine Warnung vor dem Besuch einer älteren Dame: der Mutter, der Schwiegermutter oder einer anderen älteren Verwandten. Das gleiche gilt in Kombination mit dem Kreuz-König. Folgt nach der Kreuz-Personenkarte eine weitere Kreuz-Karte, so ist dieser Besuch unter Garantie mit Ärger verbunden.

Herz-As/Kreuz-As

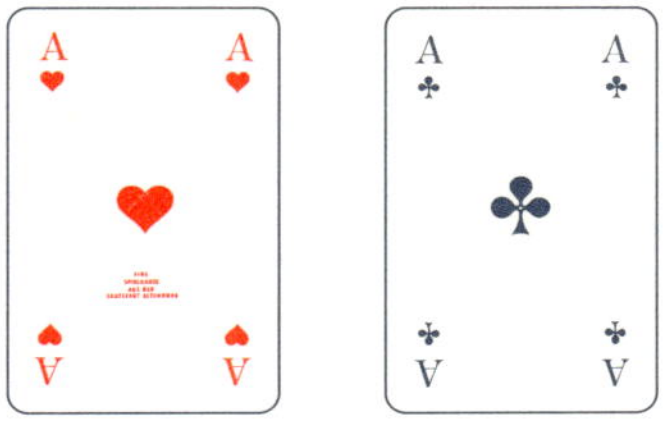

Die Karten zeigen den Kummer im privaten Bereich, das Unglück. Sie bedeuten eine stark geschwächte familiäre Situation. Ein Familienmitglied kann krank sein (Alkoholiker, Drogensüchtiger oder ein schwerer Pflegefall). Die ganze Familie wird durch diese Situation belastet.

Herz-As/Kreuz-As/Kreuz 10

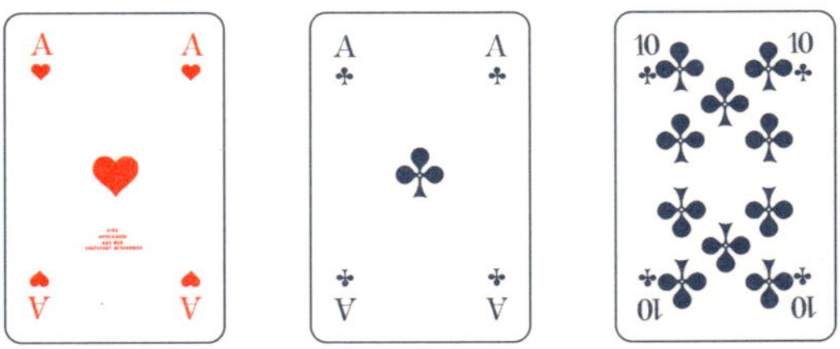

In dieser Familie herrschen fürchterlicher Streit und Kummer.

Herz-As/Kreuz-As *oder* Herz-As/Kreuz 8

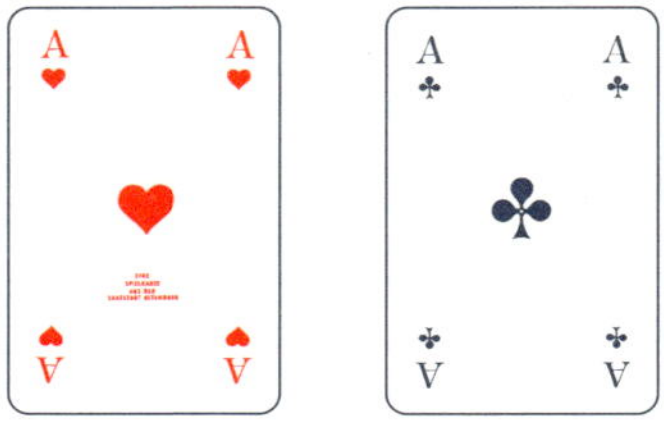

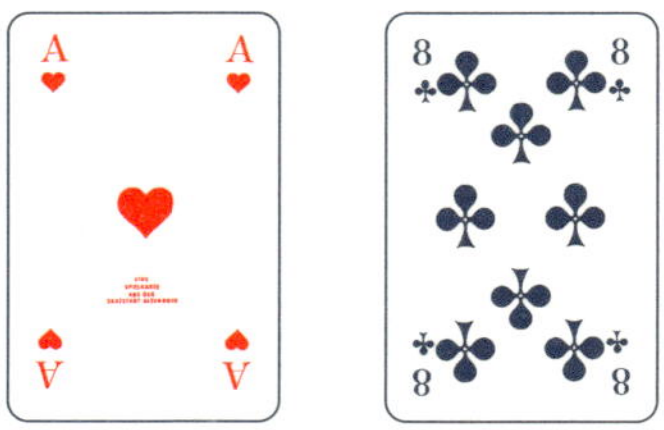

Harmonie und Geborgenheit sind diesem Haushalt fremd. Personen, die dieses Kartenbild in der Vergangenheit haben, stammen aus einem zerrütteten Elternhaus und hatten eine schwere Jugend.

Herz-As/Kreuz *10*/Karo *9*

Das Bild ist ein Hinweis auf Zank und Streit um ideelle Dinge im privaten Bereich. Es sind Meinungsverschiedenheiten, die man nicht so ernst nehmen sollte und die keine größere Tragweite haben.

Herz-As/*Personenkarte*/Kreuz-*Bube*

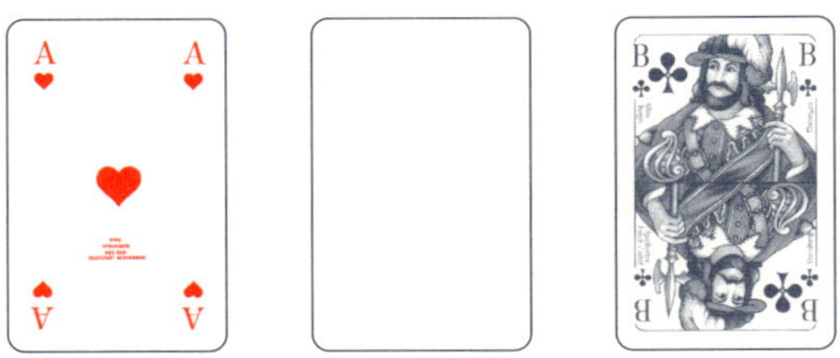

Hier handelt es sich meistens um einen Todesfall, um Verlust oder um Trennung. Mit dieser Aussage muß man als Kartenleger sehr verantwortungsvoll umgehen. Da mitunter nicht zu unterscheiden ist, was zutrifft, sollte man im allgemeinen nur die Trennung in den Vordergrund stellen. Die einzige Ausnahme hiervon: Wenn die fragende Person einen schwerkranken Familienangehörigen hat und der Tod für alle eine Erlösung bedeuten würde, kann diese Aussage bestätigt werden. Liegt sie in der Vergangenheit, hat man sich von einer Person schon gelöst, diese ist bereits so gut wie gestorben.

Herz 10/Herz-König

Der Mann ist verheiratet oder lebt in einer festen Beziehung. Er ist auf jeden Fall gebunden.
Die gezeigte Kombination ist ein Beispiel und gilt für alle Damen und Könige.

Herz 10/Herz 8

Es ist eine sehr harmonische Ehe. Folgt die Herz 7, so ist diese Harmonie ausgesprochen trügerisch. Man macht sich etwas vor.

Herz 10/Herz 7

Einer der Partner geht fremd oder hat ein Verhältnis. **Auch mit dieser Aussage sollte man sehr vorsichtig umgehen.** Wenn der Fragende sehr stark an der Beziehung hängt und erkennbar ist, daß diese trotzdem stabil bleiben wird, sollte man sie durch diese Aussage nicht zusätzlich gefährden.

Herz 10/Karo-Bube/Karo 9

Dies ist eine absolut glückliche Ehe voller Ideale. Geld spielt in dieser Beziehung keine Rolle.

Herz 10/Pik-As/Personenkarten

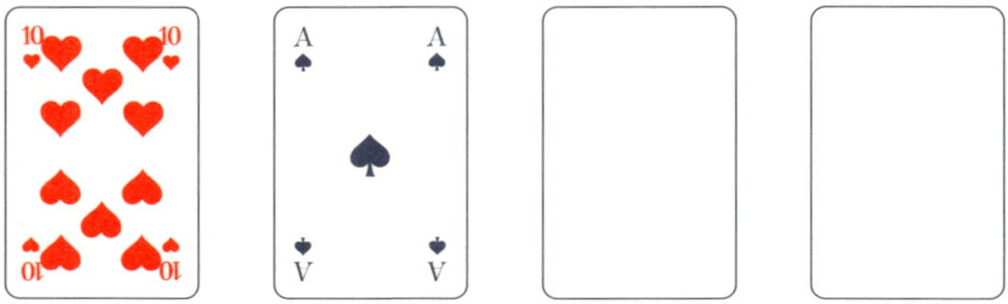

Die Kombination sagt aus, daß diese Ehe oder Lebensgemeinschaft auseinandergeht. In den meisten Fällen bedeutet sie die Scheidung.

Herz 10/Pik-As/Karo 10

Die Person, die dieses Kartenbild in der Zukunft liegen hat, wird mit Sicherheit einen Ehevertrag schließen.

Herz *10*/Pik-As/*positive* Karte
(*zum Beispiel* Herz *8 oder* Pik *9*)

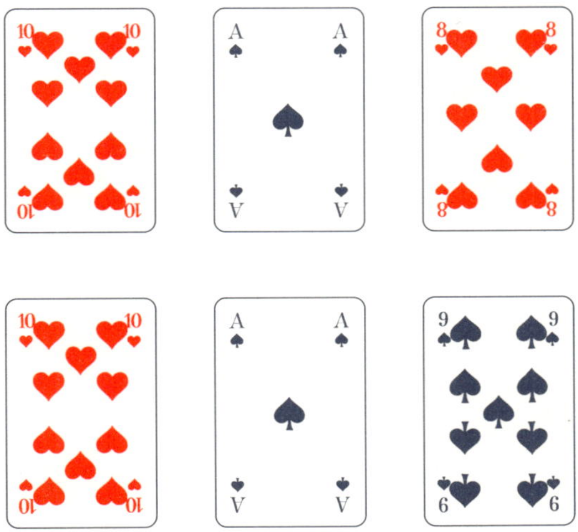

Die Trennung verläuft ohne Streitigkeiten und findet ein faires Ende.

Herz *10/Pik-As/Kreuz-As*
oder Herz *10/Pik-As/Kreuz 8 oder* Kreuz *7*

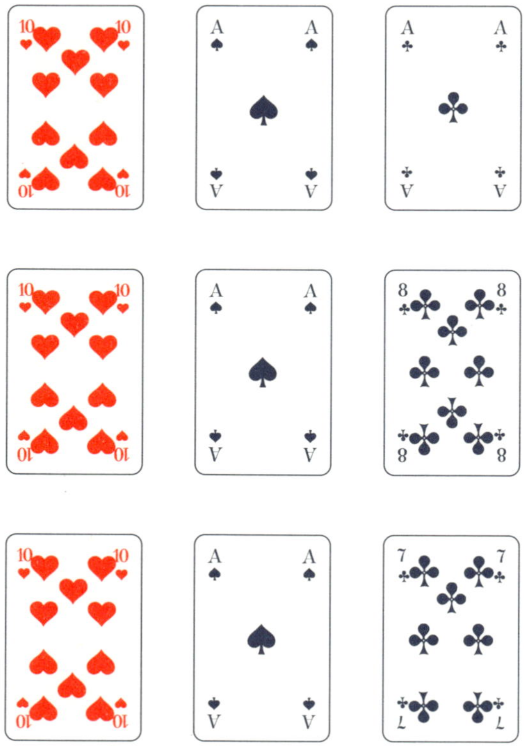

Dies ist eine Trennung mit Kummer, Leid und vielen Verlusten unterschiedlichster Art.

Herz 10/Pik-As/Kreuz-Bube

Die Person wird durch die Trennung total aus der Bahn geworfen. Sie wird mit dieser Situation nicht fertig und bedarf dringender Hilfe.

Herz 10/Kreuz-Bube

Hier wird die Ehe zwar beendet, es muß aber nicht zur Scheidung kommen. Die Ehe wird möglicherweise durch den Tod des Partners beendet. Liegt diese Kombination in der Vergangenheit, bedeutet dies die Witwenkarte.

Herz *10*/Pik *10*

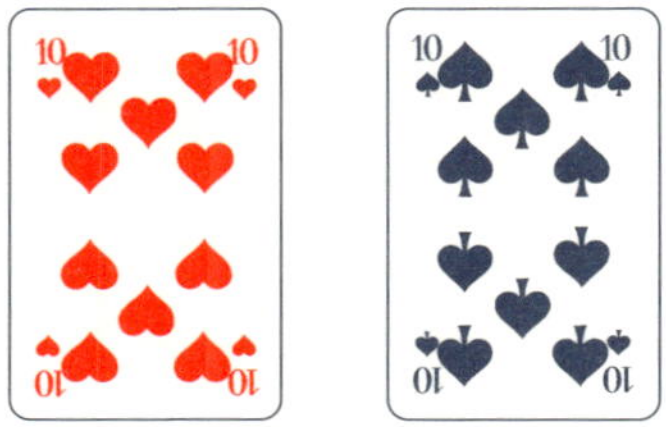

Hier handelt es sich um die Verbindung mit einem Ausländer bzw. eine im Ausland geschlossene Ehe. Unter anderem ist es die Hochzeitsreise. Liegt zusätzlich noch die Karo 10 dabei, ist diese Hochzeitsreise ein Geschenk von den Eltern oder den Schwiegereltern.

Herz *10*/Pik *9*

Einer der Partner sieht keine Probleme innerhalb der Ehe oder will sie nicht sehen. Er ist nicht in der Lage, Verantwortung zu übernehmen.

Herz 10/Kreuz 10

Hier handelt es sich keinesfalls um eine harmonische Ehe. Man ist selbst schwierig oder hat einen anstrengenden Partner. Beide führen sinnlose Diskussionen bis hin zum Streit.

Herz 10/Kreuz 9/Pik 9

Einer der Partner ist ständig eifersüchtig und wittert überall Unheil. Die Pik 9 sagt jedoch aus, daß dies unbegründet ist.

Grundsätzlich gilt:
Kombinationen mit Herz-König können ebenso auf die anderen Könige übertragen werden.

Herz-König/Herz *10*/Herz *9*/Herz-*Dame*

Seltenheitswert hat dieses Bild. Es ist die ideale Verbindung, die absolute Liebesehe und Verbundenheit zwischen zwei Menschen.

Herz-König/Herz-*Bube*

Er ist der jüngere Geliebte oder Partner bzw. ein sehr jungenhafter Mann, der „ewige Lausbub“.

Herz-König/Herz-*Bube*/Kreuz-As

Die Person hat eine Krankheit im Genitalbereich oder eine Darmkrankheit. Möglicherweise ist es ein Prostataleiden. Es kann allerdings auch bedeuten, daß dieser Mann sexuelle Schwierigkeiten hat.

Herz-König/Herz-*Bube*/Kreuz-As/Kreuz 7

Dieser Mann lebt seine Sexualität nicht aus, ist gehemmt bzw. verklemmt. Er hat große Schwierigkeiten, mit seinen Problemen umzugehen, und leidet darunter. Durch Kreuz 7 wird seine Verzweiflung verdeutlicht.

Herz-König/Herz-Bube/Kreuz-As/Kreuz-Bube

Auch bei diesem Bild handelt es sich um große sexuelle Schwierigkeiten. Der Mann ist sterilisiert. Er kann oder will keine Kinder haben. Das Krankheitsbild ist Prostatakrebs oder Impotenz. Wenn diese Aussagen nicht zutreffen, hat der Mann schwere sexuelle Fehlsteuerungen (er neigt zur Perversion).

Herz-König/Herz 7

Dieser Mann ist immer der heimliche Liebhaber. Wenn es sich um den Ehemann handelt, dann geht er mit Sicherheit fremd.

Herz-König/Herz 7/*Beruf oder Geldkarte* (Karo-As oder Karo 10)

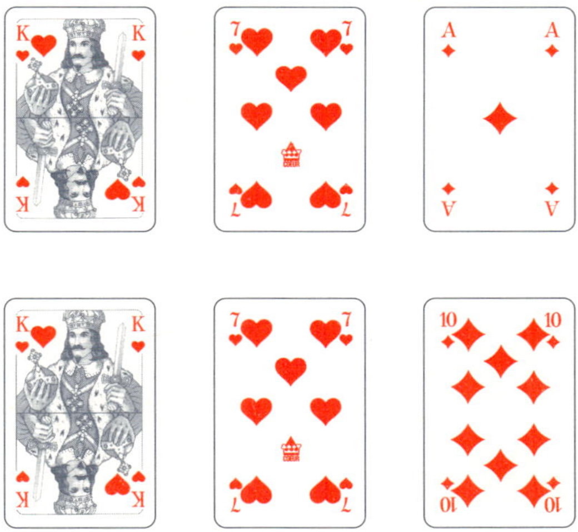

Hier handelt es sich um einen Mann, der in finanziellen Dingen unehrlich ist. In Verbindung mit einer Dame betrügt er seine Partnerin im geschäftlichen Bereich.

Herz-König/Karo-König

Herz-König und Karo-König sind oft dieselbe Person. Dabei ist Herz-König privat, Karo-König geschäftlich zu sehen.

Herz-König/Karo-Dame/Herz-Dame

Die Kombination zeigt an, daß man den Partner über eine berufliche Situation kennengelernt hat. Es kann der Arbeitskollege sein oder der Zahnarzt, der seine Patientin behandelt. Dieses Bild erscheint auch, wenn man sich über ein gemeinsames Hobby, eine Heiratsanzeige oder über ein Eheinstitut kennengelernt hat.

Herz-König/Karo 8/Pik 10

Der Partner ist beruflich viel unterwegs und reiselustig. Alternativ dazu kann er am Flughafen, im Reisebüro oder bei einem Verkehrsbetrieb tätig sein.

Herz-König/Pik 10/Kreuz-As

Die Person tritt eine Reise aus Krankheitsgründen an. Dies kann eine Kur oder eine Rehabilitationsmaßnahme sein. Alternativ kann das Bild bedeuten, daß das Fahrzeug kaputtgeht oder sogar ein Unfall passiert. Weitere Karten sagen aus, ob die Person dabei verletzt wird.

Herz-König/Pik-König
neben- oder sehr nahe beieinander mit Verbindungskarte Herz 8 *oder Beruf*

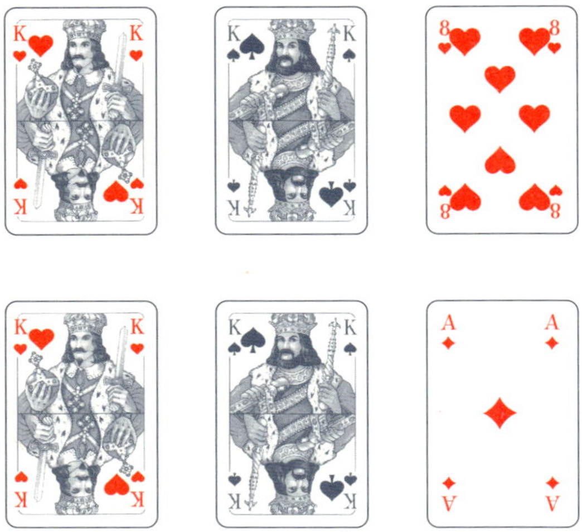

Geht die Partnerin fremd, dann kennt der Mann den Liebhaber. Er ist eventuell sogar mit ihm befreundet oder kollegial verbunden. Der Partner bzw. Ehemann weiß jedoch nichts von der heimlichen Beziehung seiner Frau.

Herz-König/Pik-Dame/*Pik-Bube (oder andere Buben)*

Es sind die Töchter und Söhne der Hauptperson.

Herz-König/*Pik 7*/*Pik 8*/Herz-*Bube*
oder Herz-König/*Pik 7*/*Pik 8*/*Pik-Bube*

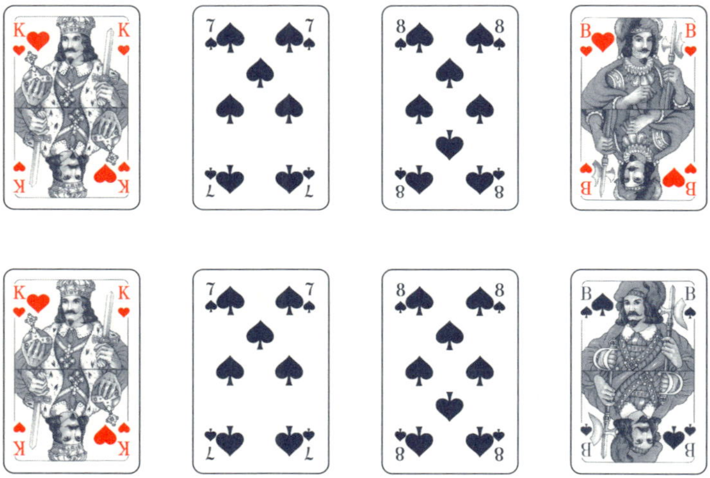

Hier können wir erkennen, daß unsere Hauptperson Vater wird. Herz-Bube läßt das Geschlecht offen, bei Pik-Bube können wir davon ausgehen, daß es sich um einen Sohn handelt. Liegt Pik-Dame, wird es eine Tochter sein.

Herz-König/Kreuz-As/Kreuz-Bube/ andere Kreuz-Karten (7, 8, 9, 10)

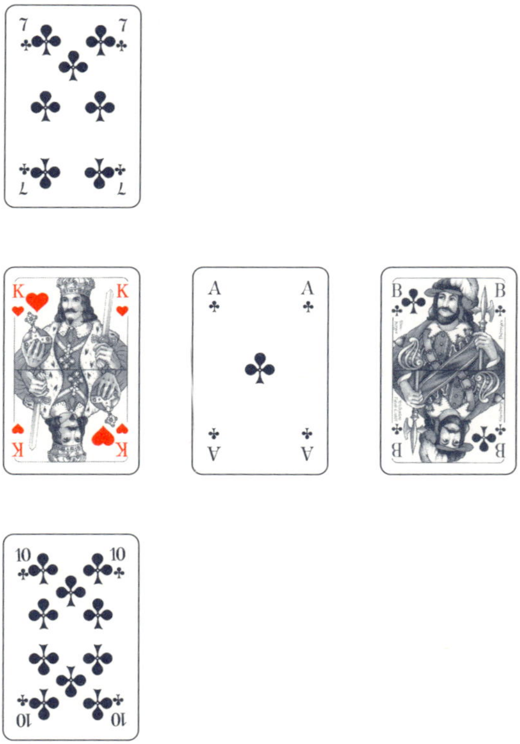

Diese Person ist psychisch total am Ende (Psychopath?). Oft steht diese Aussage für eine Suchtkrankheit, in den meisten Fällen handelt es sich um einen Alkoholiker. Die Person ist völlig blockiert und therapiebedürftig.

Herz-König/Kreuz 9/Pik-König/Kreuz-Karten

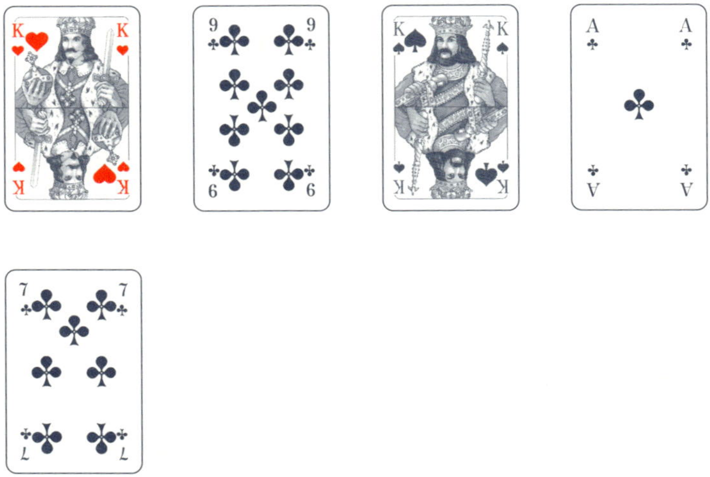

Der Geliebte ist auf den Ehemann eifersüchtig. Er schätzt ihn nicht.

Herz-König/Kreuz 10/Herz-Dame/Kreuz-Bube

Hier hat Kreuz 10 eine positive Aussage. Sie hat nichts mit Aggressionen zu tun. Der Mann kämpft um seine Partnerin, weil er befürchten muß, sie zu verlieren.

Herz-König/Kreuz 10/Herz-Dame/Kreuz-As/Kreuz 7

Es handelt sich hier um eine aggressive Beziehung, in der die Frau die Leidtragende ist. Da sie nicht die Stärke hat, sich zu wehren oder die Beziehung zu beenden, flüchtet sie sich in Krankheiten.

> *Grundsätzlich gilt:*
> Viele Aussagen, die nicht geschlechtsspezifisch sind, treffen sowohl auf den Herz-König wie die Herz-Dame und die anderen Damen zu.

Herz-*Dame*/Herz-*Bube*/Kreuz-*As*

Hier erkennen wir Krankheiten im gynäkologischen Bereich. Es kann sowohl ein organisches Leiden als auch eine hormonelle Störung sein. Ebenso kann es sich um eine Erkrankung im Brustbereich (Brustkrebs) oder eine Schilddrüsenkrankheit handeln.

Herz-*Dame*/Herz-*Bube*/Kreuz-*As*/Kreuz-*Bube*

Die Frau hat sexuelle Schwierigkeiten, sie ist blockiert. Wenn ein Kinderwunsch vorhanden ist, ist sie möglicherweise sterilisiert. Dieses Bild trifft auch zu, wenn eine Totaloperation bevorsteht.

Herz-Dame/Pik 8/Pik-Bube

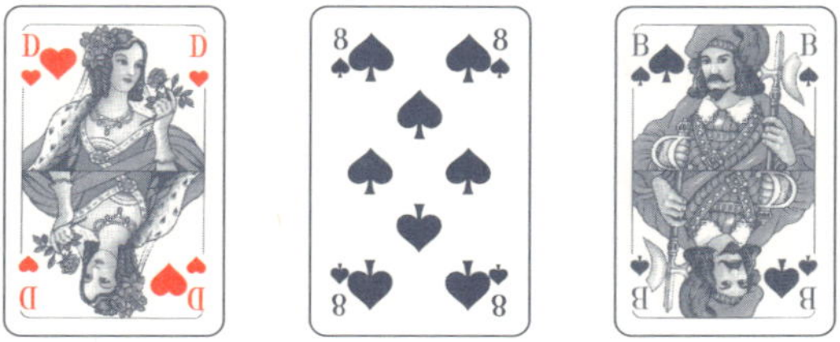

Die Frau erwartet ein Kind, in diesem Falle einen Sohn. Mit Pik-Dame wäre es ein Mädchen.

Herz-Bube/Herz 9/Herz 7

Hier geht es um eine neue heimliche Liebe, die vorerst nicht bekannt werden darf.

Herz-Bube/Pik-As

Die Person wird mit einem Gerichtsverfahren wegen eines Kindes konfrontiert. Es kann die Vaterschaftsklage sein. In Verbindung mit Karo 10 geht es um die Unterhaltszahlungen für ein Kind. Das Kartenbild kann aber auch allgemein aussagen, daß ein Verfahren wieder aufgenommen wird.

Herz-Bube/Pik 10

Die Karten stehen für den Kauf eines neuen Autos oder eines neuen Beförderungsmittels. Bei einem Reiseunternehmen sagt diese Kombination aus, daß ein neuer Bus angeschafft wird.

Kombinationen mit Karo

Karo-As/Karo 10

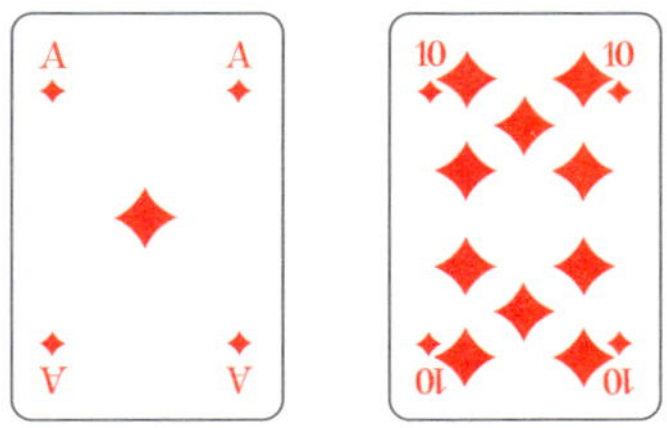

Diese Kombination bedeutet die absolute berufliche Anerkennung für die entsprechende Person. Sie bekleidet eine hohe berufliche Position.

Karo-As/Karo 10/Kreuz-As

Im beruflichen Bereich erleidet die Person finanzielle Verluste. Ihr Image ist angegriffen. Sie verliert ihre Anerkennung. Zudem kann das Bild bedeuten, daß eine Gratifikation nicht gezahlt wird. Im positiven Sinne wäre es die Auszahlung des Krankengeldes.

Karo-As/Pik-As

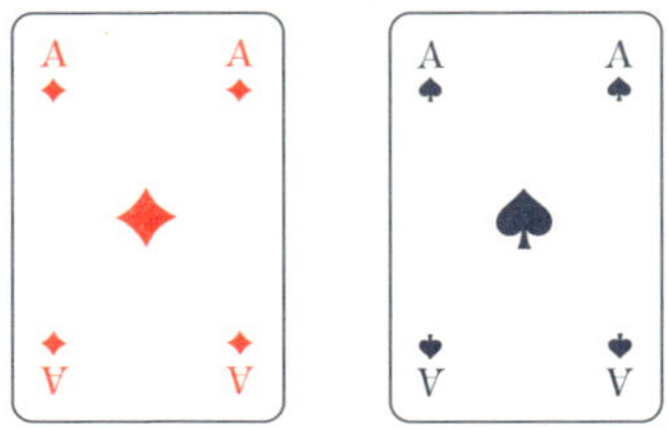

Es handelt sich um einen Vertrag, der mit dem Beruf in Zusammenhang steht. Es kann der Anstellungsvertrag, aber auch ein Geschäftsabschluß sein.

Karo-As/Pik-As/Karo 10

Eine Vertragsverbesserung oder eine zusätzliche Auszahlung ist zu erwarten. Vielleicht wird eine Versicherung oder ein Sparvertrag fällig (Vermögenswirksame Leistungen, Bausparvertrag, Lebensversicherung). Im Zusammenhang mit einer gerichtlichen Angelegenheit wird möglicherweise Schmerzensgeld gezahlt.

Karo-As/Pik 10/Karo 8 oder 7

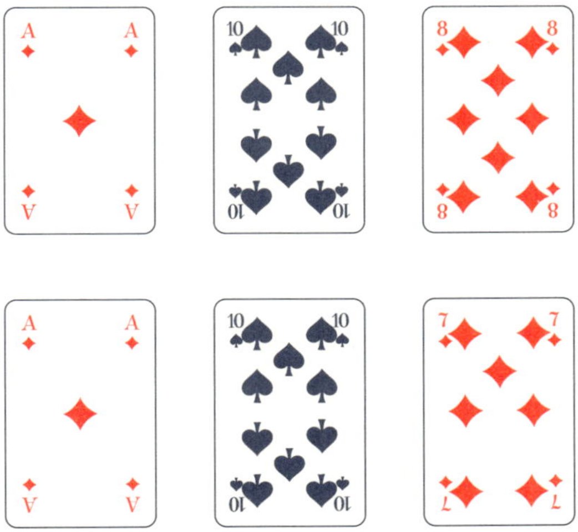

Es handelt sich hier um einen einschneidenden beruflichen Wechsel, so zum Beispiel die Versetzung in eine andere Niederlassung oder die Veränderung zu einer anderen Firma. Mit Karo 7 oder Karo 8 im Umfeld bedeutet dies eine Verschlechterung im Beruf. Unabhängig davon kann diese Kombination bedeuten, daß die betreffende Person viel unterwegs ist.

Karo-As/Pik 7/Karo 10

Hier handelt es sich um eine Person in einer gehobenen beruflichen Laufbahn, die jedoch sehr verunsichert ist und glaubt, in dieser Position nicht anerkannt zu sein.

Karo-As/Kreuz-As/Kreuz 10

Es bestehen große berufliche Probleme. Jedoch ist diese Person nicht bereit, diesen Problemen aus dem Wege zu gehen, sondern kämpft weiter um die berufliche Existenz. Ob dieser Kampf erfolgreich ist, zeigen die umliegenden Karten.

Karo-As/Kreuz-As/Kreuz 10/Kreuz-Bube

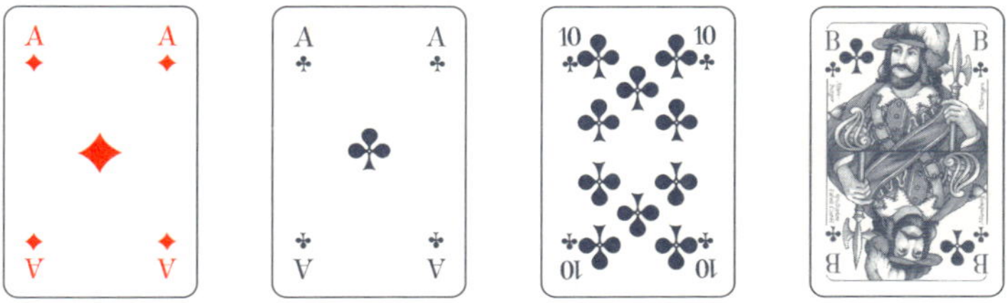

Der vorher beschriebene berufliche Kampf wird erfolglos geführt. Das Ende der Berufstätigkeit in der jetzigen Firma ist absehbar.

Karo-As/Kreuz-Bube

Dieses Blatt bedeutet das Ende der Berufstätigkeit. Es kann der ganz normale Ruhestand sein.

Karo-As/Kreuz 9/Karo-Dame

Liegt eine Personenkarte vor dem Karo-As, hat diese berechtigte Sorgen wegen einer Kollegin. Liegt eine Herz 7 hinter Karo-Dame, handelt es sich mit Sicherheit um eine Intrigantin, die das ganze Betriebsklima stört.

Karo 10/Pik-As

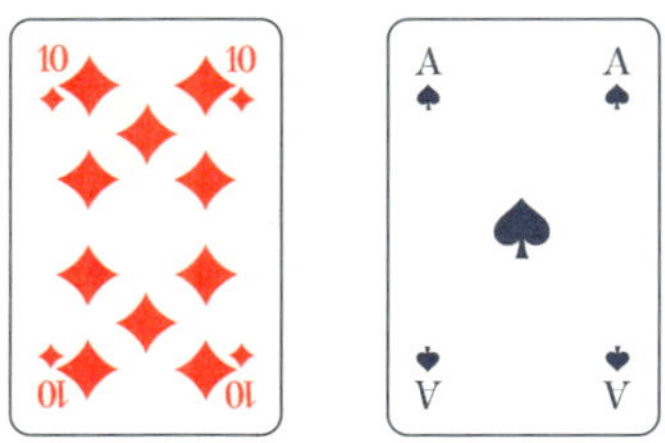

Hier erhält die entsprechende Person von Amts wegen eine finanzielle Zuwendung. Es kann ein Gewinn sein, aber auch die Rückzahlung aus einer Steuererklärung. Diese Kartenkombination steht ebenso für eine Steuerprüfung.

Karo 10/Karo As/Karo 8 oder Karo 7

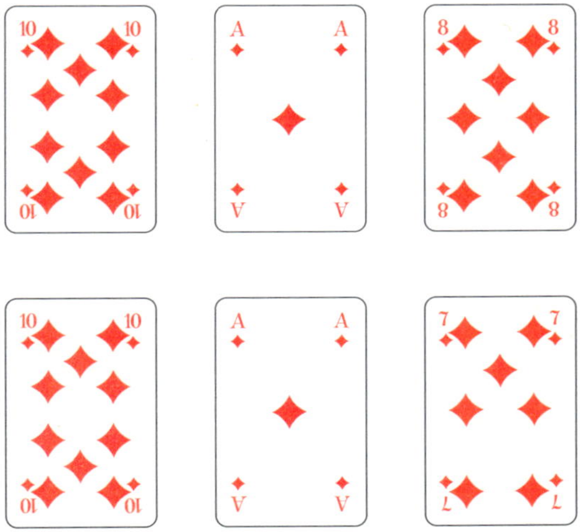

Die Person hat beruflich mit Geld zu tun. Meistens ist sie in einer Bank, bei einem Steuerberater oder im Finanzamt tätig.

Karo 10/Pik-As/Kreuz-As
oder Karo 10/Pik-As/Kreuz-Bube

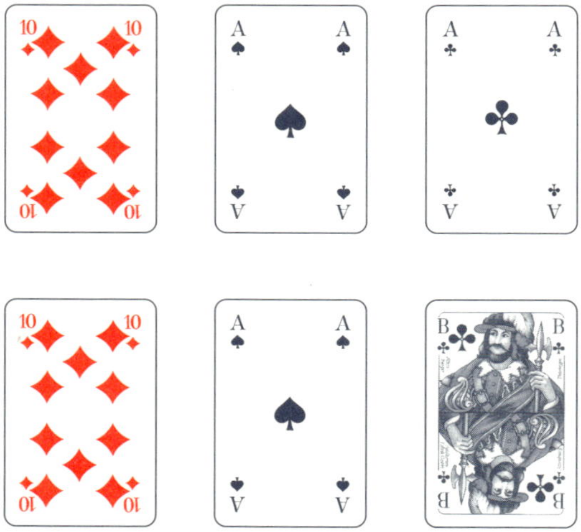

Eine Steuerprüfung verläuft negativ. Der Geschäftsmann muß mit großen finanziellen Verlusten rechnen. Es kann das Ende seiner Firma bedeuten.

Karo 10/Pik 10

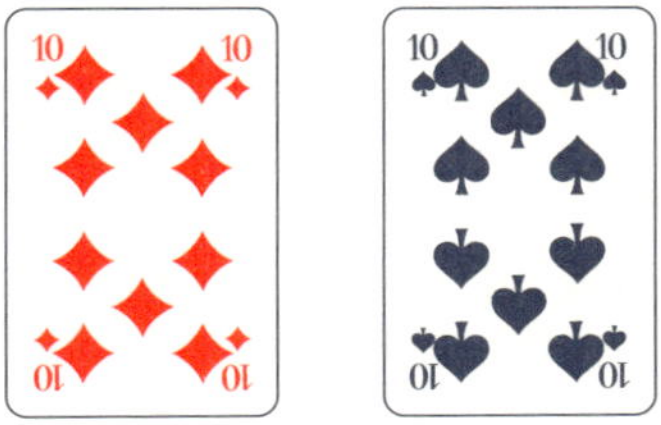

Hier handelt es sich um ein Geschenk, das in Form einer weiten Reise oder eines Fahrzeuges gemacht wird. Beim Kind ist es das Fahrrad, beim Erwachsenen eventuell ein Auto. Die Karten zeigen auch an, daß die Person das Geschenk aus dem Ausland erhält (Erbschaft).

*Karo 10/Kreuz-As/Herz 7
oder Karo 10/Kreuz-Bube/Herz 7 mit Personenkarte*

Der Spieler.
Diese Person ist unfähig, mit Geld umzugehen. Sie erleidet ständig finanzielle Verluste. Im Grunde genommen betrügt sie sich selbst.

Karo-König/Karo-As/Karo-Dame oder Karo-König/Karo 8/Karo-Dame oder Karo-König/Karo 7/Karo-Dame

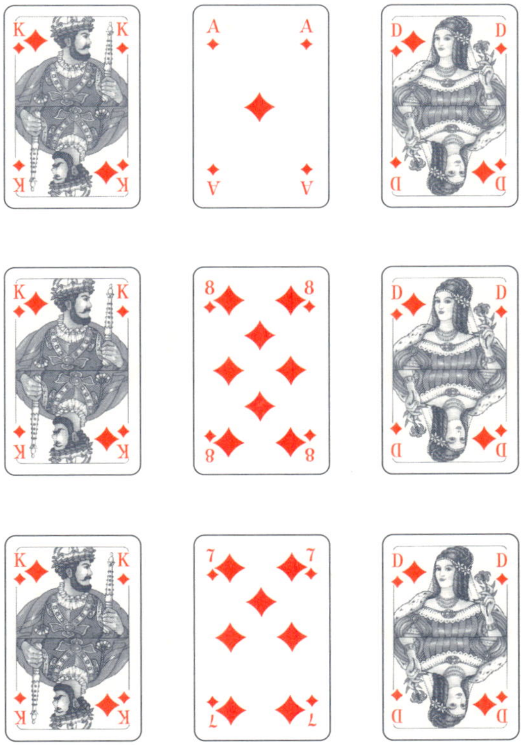

Hier handelt es sich um das klassische Bild von Kollegen oder Geschäftspartnern. Sie müssen nicht unbedingt eine Liebesbeziehung haben. Sie sind lediglich beruflich miteinander verbunden. In dieser Kombination stehen die Karten auch für zwei Menschen, die gemeinsame Interessen, zum Beispiel Hobbys haben.

> *Grundsätzlich gilt:*
> Alle Interpretationen, die auf den Karo-König zutreffen, gelten auch für die Karo-Dame.

Karo-König/Karo 8/Karo-Dame/Kreuz-As *oder* Karo-König/Karo 8/Karo-Dame/Kreuz-*Bube*

Diese Personen sind Kollegen, haben aber die längste Zeit miteinander gearbeitet. In diesem Falle trennt sich der Chef von einer Mitarbeiterin bzw. eine Kollegin verläßt die Firma.

Karo-König/Pik-As/Karo-As/Herz 7

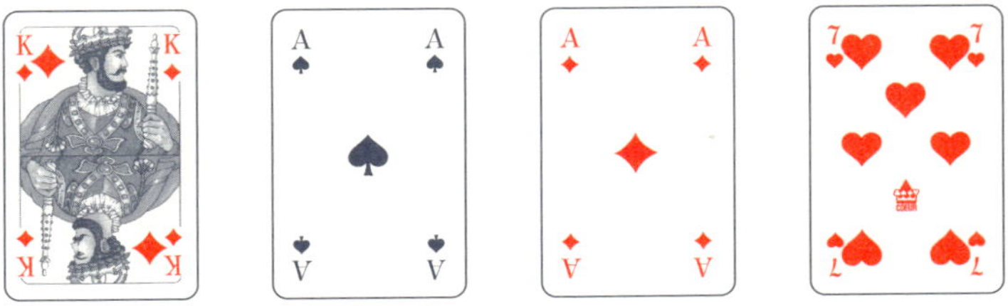

Das Bild zeigt einen Rechtsberater, Anwalt, Steuer- oder Finanzberater. Herz 7 zeigt jedoch an, daß man falsch beraten ist. Man sollte aufpassen, um keine großen finanziellen Verluste zu erleiden, und sich einen anderen Berater suchen. Bei diesem Bild handelt es sich um eine Warnung.

Karo-König/Pik-Dame
oder Karo-König/Pik-Bube

Es handelt sich um den Patenonkel des Mädchens oder des Jungen. Es kann aber auch der Lieblingslehrer der Kinder sein.

Karo-König/*Karo 8*/Kreuz *8*/ Herz-*Bube*/Pik-As

Dies ist der Sozialarbeiter im Jugendamt. Alleinerziehende oder Personen, die in Trennung leben, haben oft Schwierigkeiten oder Angst, wenn es um die Zusammenarbeit mit dem Jugendamt geht. Hier kann man hinterfragen, wie der Sozialarbeiter zur entsprechenden Situation steht.

Karo-König/Kreuz 10/Kreuz-König

Hier handelt es sich um die ewigen Streitigkeiten mit einem älteren Partner (Geschäftspartner). Meistens ist es ein Generationskonflikt. Karo-König ist oft die Person, die das Sagen hat, und Kreuz-König kann sich damit nicht abfinden.

Karo 8 /Kreuz 8
oder Karo 7/Kreuz 8

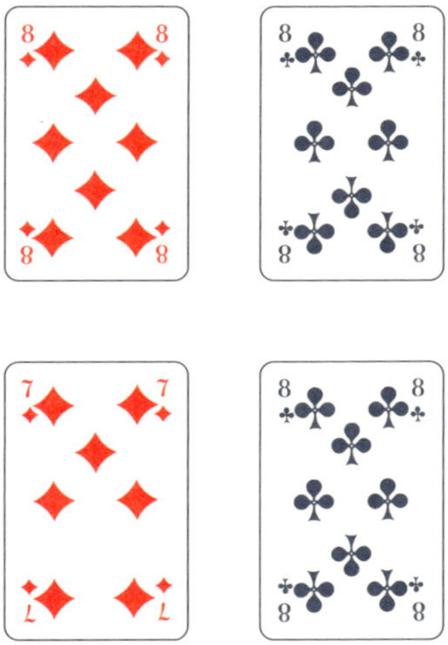

Eine Person ist im medizinisch-sozialen Bereich tätig. Sie steht in einem Arbeitsverhältnis. Als Berufsbild ist es die Krankenschwester, der Pfleger, der Masseur, die Kosmetikerin, die Apothekenhelferin oder die Friseuse.

Kombinationen mit Pik

Pik-As/Karo-As/Personenkarte

Die Person steht vor einer Prüfung bzw. vor einem Examen. Die Kombination zeigt jedoch nicht den genauen Ausbildungsbereich an.

Pik-As/Pik 10
oder Pik-As/Pik 8

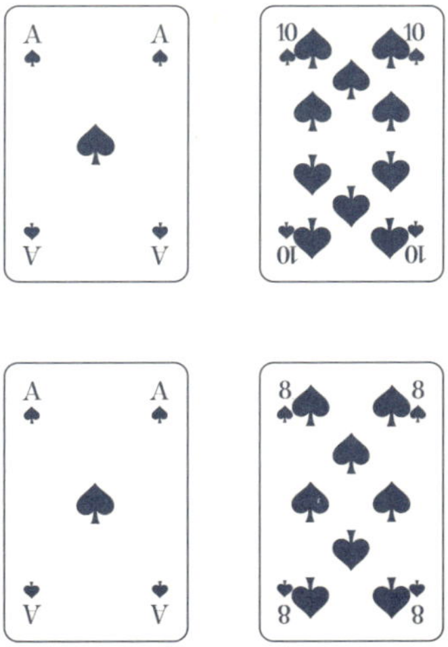

Hier handelt es sich um das klassische Bild der Führerscheinprüfung. Folgen positive Karten, wird diese bestanden.

Pik-As/Pik 10/Kreuz-As
oder Pik-As/Pik 10/Kreuz 8

In dieser Kombination bedeuten diese Karten den Führerscheinentzug, beispielsweise durch eine Alkoholkontrolle oder das Nichtbestehen der Prüfung. Man hat aber die Möglichkeit, diese zu wiederholen.

Pik-As/Pik 10/Kreuz-As/Kreuz-Bube

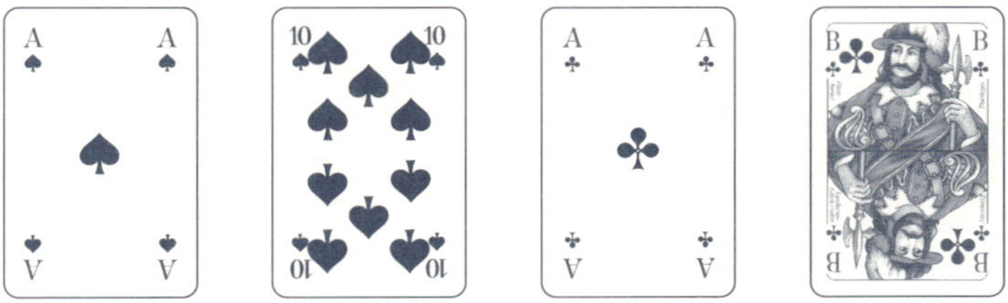

Hier hat die Person keinerlei Chance, den Führerschein zu erhalten. Die Person ist fahrunfähig. Diese Karten sagen aber auch aus, daß ein bereits eingezogener Führerschein endgültig weg ist.

Pik 10/Personenkarte

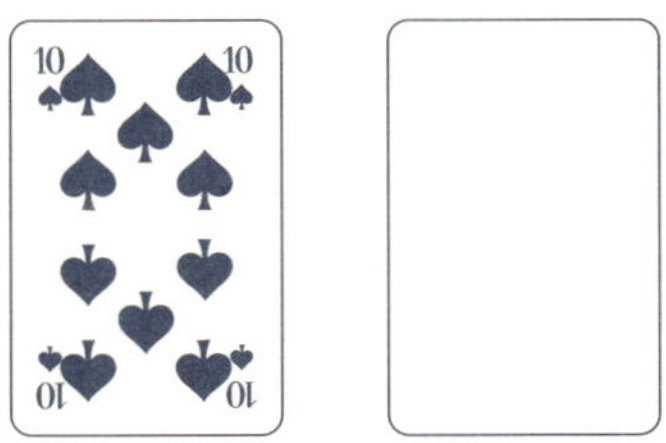

Dieses Kartenbild definiert den Ausländer. Er hat nicht die gleiche Nationalität wie der Beziehungs- oder Geschäftspartner. Wenn diese Aussage nicht zutrifft, handelt es sich um eine sehr reiselustige Person, die sich viel im Ausland aufhält.

Pik 10/Personenkarte/Pik-As

Hier handelt es sich um einen Ausländer, der mit einer gerichtlichen Angelegenheit konfrontiert ist. Ganz wichtig ist dies in unserer heutigen Zeit: Es kann sich um einen Asylantrag handeln. Aus den umliegenden Karten ist ersichtlich, ob er berechtigt ist und wie das Verfahren entschieden wird. Trifft diese Aussage nicht zu, kann es eine Gerichtssache sein, die im Ausland verhandelt wird. Die Thematik geht wie immer aus den umliegenden Karten hervor.

Pik 10/Pik-As

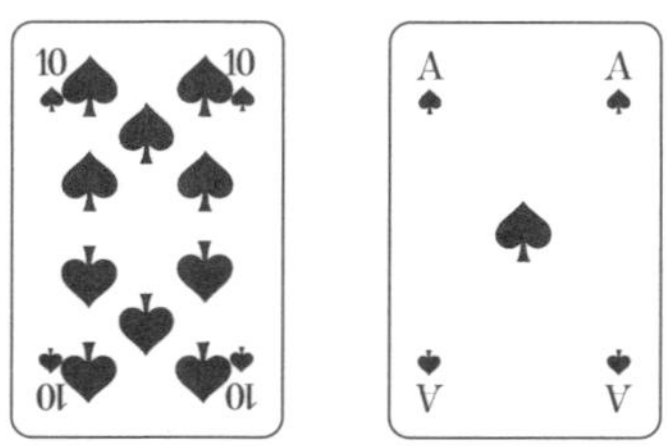

Liegt Pik 10 vor Pik-As, muß die Person zu einer Gerichtsverhandlung reisen oder hat im Ausland etwas Gerichtliches zu erledigen.

Pik 10/Kreuz-As
oder Pik 10/Kreuz 8

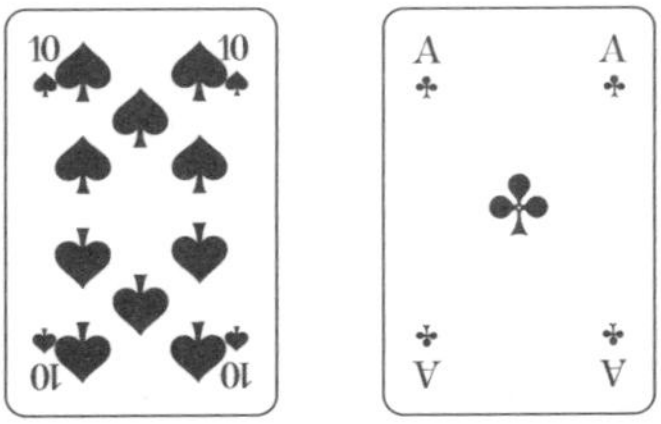

Die Kombination warnt uns vor einer Reise, die sicherlich mit Kummer verbunden sein wird. Es kann auch die Warnung vor einem Unfall sein, wobei jedoch keine Personen zu Schaden kommen. Positiv gesehen handelt es sich um eine Kur (Reise aus Krankheitsgründen).

Pik 10/Kreuz-As/Kreuz-Bube
oder Pik 10/Kreuz 8/Kreuz-Bube

In diesem Fall wird eine Reise vorzeitig, zum Beispiel aus Krankheitsgründen, beendet. Bei einem Unfall handelt es sich um einen Totalschaden, wobei nicht angezeigt wird, ob Personen verletzt werden.

Pik 10/Kreuz-Bube

Die Karten zeigen die Reise zu einer Beerdigung. Eine weitere Möglichkeit: Eine geplante Reise kommt nicht zustande.

Grundsätzlich gilt:
Pik-Personen sind wie Herz-Personenkarten zu interpretieren.

Kombinationen mit Kreuz

K*reuz*-As/K*reuz*-König/K*reuz*-*8*

Eine Personenkarte vor Kreuz-As sagt aus, daß die betreffende Person ein sehr gestörtes Vaterverhältnis hat. Weitere Karten zeigen, ob sich diese Situation jemals verbessern wird.

K*reuz*-As/K*reuz*-König/K*reuz*-*Bube*

Hier handelt es sich um ein älteres männliches Familienmitglied, das sehr krank ist und mit Sicherheit in Kürze sterben wird. Liegt dieses Bild in der Vergangenheit, so ist ein nahestehender älterer Verwandter verstorben (Großvater, Vater).

Kreuz-As/Pik-As

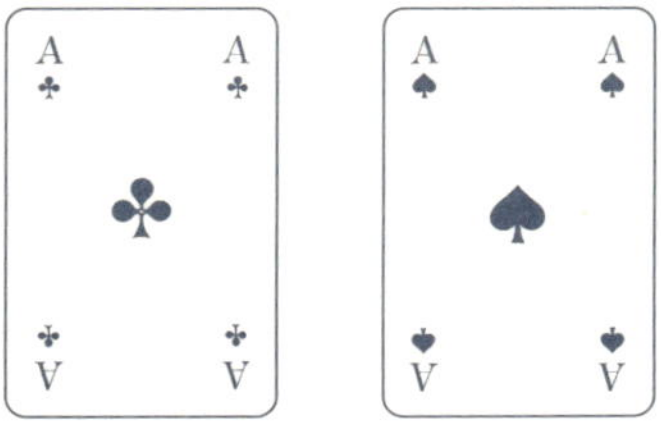

Die Karten deuten auf eine behördliche Angelegenheit wegen Krankheit hin. Es kann sich dabei um die Pflegeversicherung oder um das Sozialamt handeln.

Kreuz-König/Herz-König

Diese Kombination ist sehr wichtig, da sie uns das Alter des Partners oder des Geliebten sagt. Er ist mindestens sieben bis zehn Jahre älter als die Partnerin. In den meisten Fällen handelt es sich sogar um eine ganze Generation. Er ist der väterliche Freund und Partner.

Kreuz-König/*Buben*

In dieser Konstellation ist die Person nicht der Vater, sondern der Großvater. Die Buben werden als Enkelkinder interpretiert. Könige und Damen sind in diesem Falle die Kinder des Kreuz-Königs.

Kreuz-König/Karo-As/Herz-As/ Pik 10/Pik-As/Karo-König

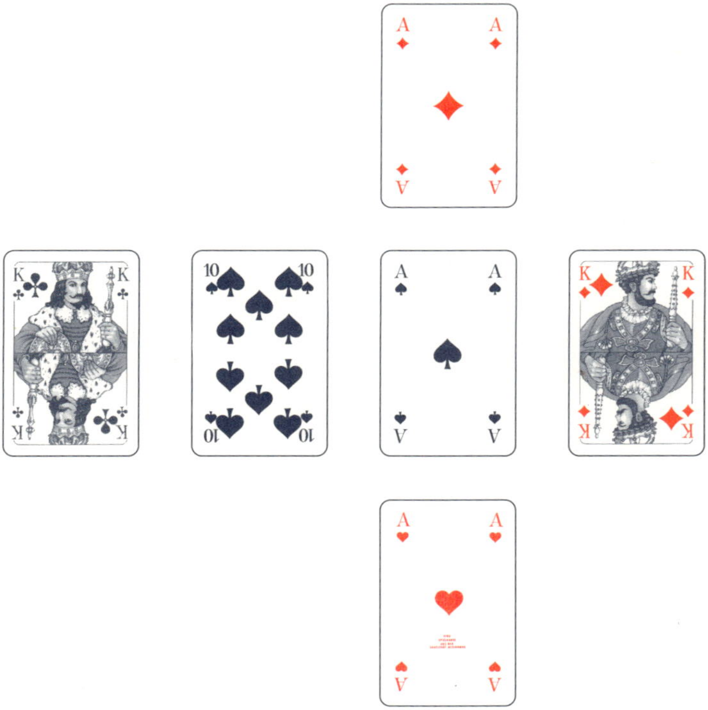

Hier handelt es sich um einen Familienbetrieb, der vom Vater auf den Sohn übertragen werden soll. Es bedeutet jedoch nicht, daß der Vater seine Tätigkeit beendet. Er wird weiterhin im Betrieb tätig sein. Verändert hat sich nur das Eigentumsverhältnis. Kommt nach der letzten Karte zum Beispiel noch Kreuz-Bube, so bedeutet dies, daß der Sohn den Betrieb nicht übernehmen möchte. Liegt Kreuz-Bube nach dem Kreuz-König, so zieht sich der Vater endgültig aus dem Geschäftsleben zurück.

Kreuz-König/Kreuz-Dame weit getrennt

Liegen in einem ausgelegten Kartenbild Kreuz-Dame und Kreuz-König weit auseinander, so hat die betreffende Person ein sehr zerrissenes Elternhaus, oder die Eltern leben getrennt. Liegt ein Elternteil sehr nahe bei der fragenden Person, ist der Elternteil, der weiter entfernt liegt, meistens verstorben.

Die Legesysteme

Bevor die Karten gemischt werden, sollte man mit der betreffenden Person ein kurzes Gespräch führen. Ziel ist, daß der Fragesteller eventuelle Ängste verliert, sich der Situation öffnet und eine Vertrauensbasis geschaffen wird. Wenn Sie beim Fragesteller Mißtrauen gegenüber der Kartendeutung vermuten, sollte das Gespräch auf keinen Fall persönliche Themen enthalten, sonst entsteht bei ihm womöglich der Eindruck, ausgefragt zu werden.

Blockaden des Fragenden erschweren grundsätzlich das Kartenlegen und verfälschen oft das Ergebnis. Beim Deuten der Karten sollte der Kunde bereit sein, mitzuarbeiten. Aus den vorherigen Beschreibungen der Karten wissen Sie bereits, daß manche Karten unterschiedliche Bedeutungen haben. Bei diesen Karten ist es wichtig, daß der Fragende die eine oder andere Möglichkeit bestätigt. Kommt keine Mitarbeit zustande, ist nicht ausgeschlossen, daß der Kartenlegende eine falsche Richtung einschlägt und die Enttäuschung hinterher groß ist.

Die Erfahrung hat gezeigt, daß derjenige, der sich die Karten legen läßt, meist vor einer schweren Entscheidung steht oder ein großes Problem hat. Dieses Thema läßt sich oft daran erkennen, in welcher Position die Herz 7 zur Hauptperson liegt. Deshalb ist auch die Herz 7 eine der wichtigsten Karten im Bild.

Wir kommen jetzt zum Auslegen der Karten. Wichtig ist, daß nur der Kartenleger die Karten berührt. Wünsche oder Ängste vom Fragenden könnten sonst die Karten beeinflussen. Das Bild wäre dadurch nicht mehr objektiv.

Die Karten werden gemischt, wobei Intensität und Dauer keine Rolle spielen. Dann beginnt man oben links mit dem Auslegen. Zuerst werden sechs Karten nebeneinander gelegt. Die zweite Reihe beginnt wieder links, unterhalb der zuerst ausgelegten Karte, wobei nur das halbe Bild sichtbar bleibt. Die dritte, vierte und fünfte Reihe werden in dieser Weise fortgeführt. Die beiden letzten Karten werden unten rechts, von links nach rechts angelegt. Diese beiden Karten sind die Schicksalskarten. Sie sagen aus, wie die derzeitige Situation des Fragenden ist und was ihn zur Zeit bewegt. Mit den darüberliegenden Karten interpretiert, erfährt man bereits im ersten Überblick, wie sich das betreffende Thema entwickelt.

Schon während des Auslegens kann mit der Deutung begonnen werden. Man sollte damit aber nicht zu früh beginnen, da die nachfolgenden Karten das Bild immer noch verändern können. Die Deutung geht immer von der Hauptperson aus. Die günstigste Ausgangssituation ist, wenn die Hauptperson in der Mitte liegt. Die zweitwichtigste Karte im Bild ist die Herz 7. Sie sagt oft schon aus, um welches Grundthema es sich handelt.
Die acht Karten um die Hauptperson sagen etwas über die gegenwärtige Situation aus, was gerade geschehen ist oder unmittelbar bevorsteht. Links von der Hauptperson liegt die Vergangenheit, rechts davon die Zukunft, darüber die nahe Vergangenheit und darunter die nahe Zukunft. Die Karten sind in der waagerechten, senkrechten und diagonalen Reihe zu lesen. Diese Interpretationsweise kann innerhalb eines Kartenbildes für jede beliebige Personenkarte angewendet werden.
Die Schicksalskarten mit den beiden darüberliegenden Reihen sollten für sich allein gelesen werden, sie werden aber anschließend bei der Deutung in das komplette Bild mit einbezogen.
Zur Verdeutlichung dient das Musterbild:

1. Legesystem

Beispiel: Hauptperson ist die 15. Karte

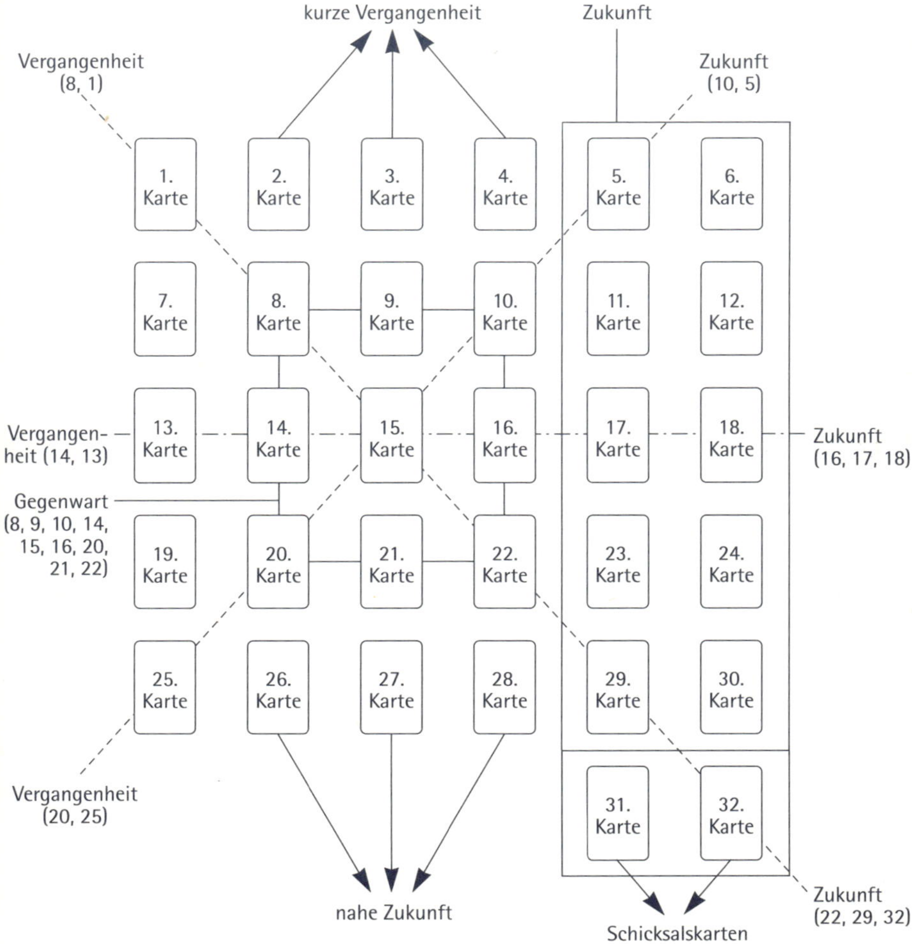

Leider ist das Idealbild – Hauptperson liegt in der Mitte – relativ selten. Es kann auch vorkommen, daß die Hauptperson ganz links liegt, das heißt, sie verdrängt ihre Vergangenheit und will sich nicht „in die Karten sehen lassen". Liegt die Hauptperson rechts außen, lebt sie in der Vergangenheit und hat Zukunftsängste. Da bei diesen Kartenbildern bestimmte Aussagen fehlen, hat man nun über ein zweites System die Möglichkeit, auch an die verdrängten Themen heranzukommen.
Insgesamt ist dieses zweite Kartenbild eine Vertiefung und Bestätigung der bereits erhaltenen ersten Aussagen.
Die Karten werden neu gemischt, und die Hauptperson wird in die Mitte gelegt. Nun wird die erste Karte rechts neben die Hauptperson gelegt.
Das Auslegen wird, von der Hauptperson ausgehend, nach dem folgenden Plan vorgenommen:

2. Legesystem

nahe Zukunft

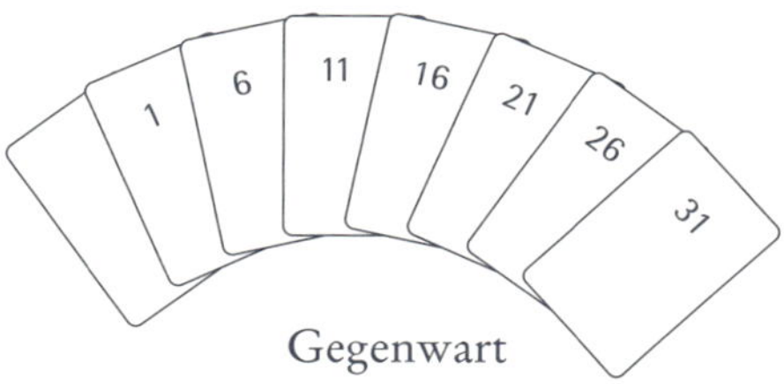

Gegenwart

Vergangenheit

weitere Zukunft

Verdrängung

Diese Form des Kartenbildes vertieft die Aussagen aus dem ersten Bild. Mitunter kommen noch weitere, neue Aussagen hinzu. Karten, die neben der Hauptperson liegen, sagen etwas über die gegenwärtige Situation aus. Über der Hauptperson liegen die Karten der nahen Zukunft. Rechts von der Hauptperson liegt das Ergebnis der Fragen, links die Vergangenheit. Was sich unter der Hauptperson befindet, ist das, was verdrängt wird oder für den Frager uninteressant erscheint.

In diesem System kann jede Person befragt werden. Hat der Frager zum Beispiel Schwierigkeiten mit seinem Chef, so kann der Chef – Karo-König – als Hauptperson ausgelegt und sein ganzes Leben durchleuchtet werden. Man sollte sich hier aber genau der Verantwortung bewußt sein und nur solche Aussagen machen, die der dritten Person nicht schaden.

Grundsätzlich sollte sich der Kartenleger bei allen Aussagen seiner Verantwortung bewußt sein. Aussagen über den Tod, schwere Schicksalsschläge oder zum Tode führende Krankheiten sollten grundsätzlich nicht gemacht werden. Es sei denn, man wird ausdrücklich danach gefragt und um eine verbindliche Auskunft gebeten.

Es ist nicht Sinn des Kartenlegens, den Fragesteller mit Katastrophenmeldungen und Stimmungsmache in Angst und Schrecken zu versetzen. Probleme haben die meisten Menschen schon genug. Dazu gehört auch, wenn aus dem Bild ersichtlich ist, daß der Partner fremdgeht, der Fragende davon aber keine Ahnung hat. Es ist unnötig, diese Situation zu erwähnen, wenn man erkennt, daß diese Beziehung bestehen bleibt. Durch eine unüberlegte Aussage könnte sie in eine große Krise geraten.

Die Aussage eines Kartenbildes sollte im allgemeinen innerhalb eines Jahres eintreffen, wobei zu berücksichtigen ist, daß in vielen Dingen der Fragende den Zeitpunkt selbst bestimmen kann.

Man sollte das Ergebnis der Karten nicht als unausweichliches Schicksal ansehen. Der Aussage des Kartenbildes ist niemand bedingungslos ausgeliefert. Die Karten zeigen Möglichkeiten, wie man mit einer Situation umgehen kann. Oft sind Menschen durch eigene Blockaden nicht in der Lage, vorhandene Möglichkeiten zu nutzen. Sie machen leider manchmal den Fehler, sich die Karten legen zu lassen, damit ihnen die Entscheidung und

die Verantwortung für ihr Leben abgenommen werden. Diese Situation sollte man als Kartenleger nicht zulassen, da es dadurch leicht zu einer Abhängigkeit kommen kann.
Wenn Sie meine Ratschläge befolgen, kann das Kartenlegen zu einem positiven Erlebnis für Sie werden und Ihnen viele neue Erkenntnisse und Begegnungen bringen.

Beispiele aus der Praxis

Bild 1

Bild 1 – Junge Frau mit Magersucht

Zu mir kam eine junge Frau, etwa 20 Jahre alt, die einen sehr traurigen und depressiven Eindruck machte. Das Kartenbild ist auf den Seiten 106–107 dargestellt.
Zunächst die Schicksalskarten:
Sie sagen aus, daß die junge Frau in Kürze den Mann ihres Lebens (Herz-König) kennenlernen und heiraten (Herz 10) wird. Es handelt sich um einen Mann, der jünger ist als sie (Herz-Bube/Herz-König). Sehr wahrscheinlich wird sie ihn über ihr Studium (Karo-König – Studienkollege) kennenlernen. Die Schicksalskarten von unten nach oben gelesen sagen aus, daß es sich um einen Neuanfang (das Studium) (Herz-Bube, Karo-As und Pik-As) handelt. Es müßte das Studienfach Jura, Betriebs- oder Volkswirtschaft sein. Die junge Frau bestätigte mir den juristischen Zweig. Den Herzenspartner kennt sie noch nicht. Hinter dem Studium liegt eine Warnung (Kreuz 9/Kreuz 10). Sie wird berechtigte Sorgen während des Studiums haben und um ihren Abschluß kämpfen müssen. Außerdem steht sie unter Erfolgszwang, denn unsere Hauptperson hat eine sehr enge Beziehung zu ihrem Vater (Kreuz-König), den sie bewundert (Karo-As) und dem sie gerne nacheifern möchte. Der Vater ist selbständiger Rechtsanwalt (Karo-As/Pik-As). Verständlich ist nun auch, daß zwischen Herz-König und Kreuz-König der Karo-König liegt. Dies zeigt an, daß der Vater und der zukünftige Schwiegersohn die gleichen beruflichen Interessen haben. Herz-König wird einen sehr guten Kontakt zu seinem Schwiegervater haben (Karo-Bube). Über dem Vater liegt eine weibliche Person (Pik-Dame), zu der er ebenfalls ein sehr herzliches Verhältnis hat. Diese Frau dürfte die Schwägerin der jungen Frau sein (Pik-Dame/Pik-As, Pik-Bube/Herz 9). Diese Kombination sagt mir, daß die junge Frau einen älteren Bruder hat, der bereits verheiratet ist. Die Schwägerin ist nicht berufstätig, sie macht sich zur Zeit sehr viel Sorgen (Kreuz 9) und befürchtet eine Trennung (Pik-As).

Das ist die Aussage der Schicksalskarten und die Entwicklung für die Zukunft, nicht nur für die junge Frau, sondern auch für ihre Familie.
Nun gehe ich auf ihre momentane Situation ein. Auffällig ist, daß unter ihr der Kreuz-Bube im Zusammenhang mit dem Kreuz-As liegt. Dies weist eindeutig auf ihre verzweifelte Situation, durch die sie krank geworden ist, hin. Ausgangspunkt ist ihre dominante Mutter (Kreuz-Dame/Karo 10). Die junge Frau hat immer wieder Angst (Pik 7) vor Streit und Diskussionen (Kreuz 10) mit ihrer Mutter. Im Prinzip ist die junge Frau sehr häuslich (Herz-As) und ideell (Karo 9) eingestellt. Doch Kreuz 8 zeigt, daß sie eine kummervolle Vergangenheit mit vielen Tränen (Kreuz 7) hatte. Sie bestätigt mir, daß sie unter Magersucht leidet und dem Druck der Mutter kaum standhalten kann.
Ihre erste Liebe (Pik-König) ist in die Brüche gegangen (Kreuz-As/Kreuz-Bube). Der Mann selbst war eine sehr schwache Persönlichkeit. Ich fragte sie, ob er ein Suchtproblem hatte, da dies durch Kreuz-As und Kreuz-Bube dargestellt wird. Sie bestätigte mir, daß er Rauschgift nahm und dies auch der Grund war, sich von ihm zu trennen. Seine berufliche Entwicklung ist zweifelhaft. In der Vergangenheit war er sehr unbeständig (Pik 10), und seinen beruflichen Stellenwert hat er immer noch nicht gefunden (Karo 8/Kreuz 7). Was die junge Frau nicht wußte: Er sah in ihr lediglich das reiche Mädchen (Karo 10) aus vermögender Familie. Außerdem betrog er sie mit einer anderen Frau (Karo-Dame/Herz 7).
Die junge Frau hat einen sehr starken Bezug zu ihrem Bruder (Karo 10/Herz 9). Der Bruder hat ebenfalls studiert (Karo-As/Pik-As). Da aber auch der Herz-Bube unter dem Karo-As liegt, konnte es sich sowohl um ein Jura-Studium, als auch um den Beruf des Lehrers handeln (Karo-As/Herz-Bube). Sie bestätigte mir, daß der Bruder als Lehrer tätig ist. Somit bezieht sich das Pik-As nicht auf den Beruf, sondern sagt (als Gerichtskarte) aus, daß die Gefahr einer Trennung von seiner Frau besteht.
Die Mutter (Kreuz-Dame) ist selbständig (Herz-As/Karo 8), wobei man in diesem Fall das Berufsbild nicht genau erkennen kann. Die Kombination Kreuz-Dame/Karo-Dame sagt mir, daß es sich um eine selbständige Geschäftsfrau handeln muß. Karo-Dame kann auch eine Angestellte der

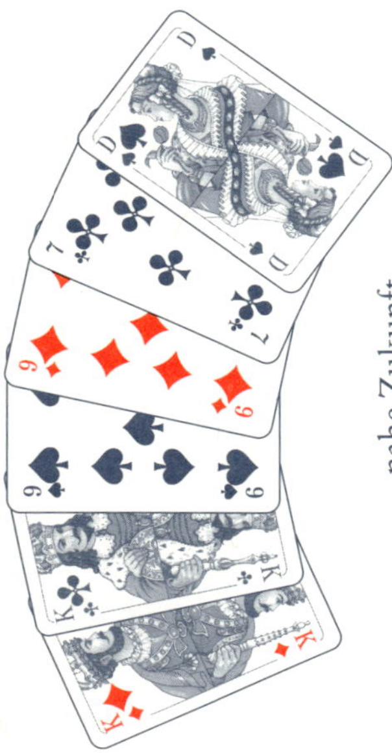

nahe Zukunft

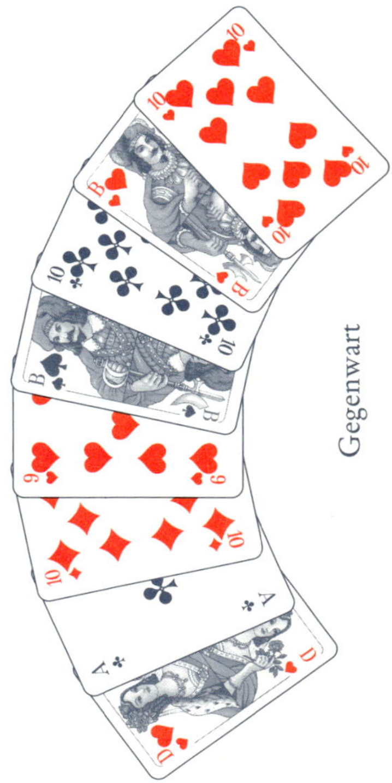

Gegenwart

Bild 1

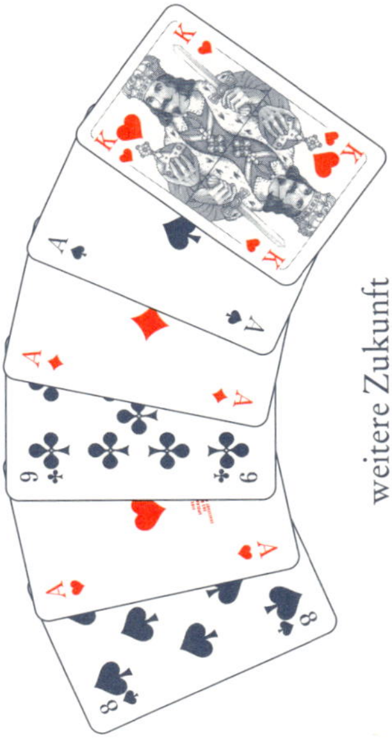

weitere Zukunft

Vergangenheit

Verdrängung

Mutter sein. Da dies aber keinen wesentlichen Einfluß auf das Leben der jungen Frau hat, werden diese Aussagen nur am Rande erwähnt.
Die junge Frau steckt mitten in einer großen seelischen Krise (Kreuz-Bube) und glaubt nicht mehr an die Liebe (Herz 9).
Wie auf dem Bild zu erkennen ist, sind ihre Zukunftskarten absolut positiv. Sie begegnet der großen Liebe (Herz 9). Sie wird ihr eigenes Selbstwertgefühl wiederfinden (Karo 10). Ihr Selbstwertgefühl wird zwischenzeitlich durch die bereits genannten Probleme im Studium eine Krise erfahren (Kreuz 9). Letztendlich wird sich aber alles zum Positiven wenden (Herz 8).
Damit ist das erste Kartenbild abgeschlossen. Nun folgt das zweite Legesystem.
Als erste Hauptperson wird die junge Frau ausgelegt.
Das Kartenbild ist auf den Seiten 110–111 dargestellt.
Die Karten werden von links nach rechts gelesen, und ich beginne mit der Gegenwart. Hier sehe ich wieder eindeutig, daß die junge Frau krank ist (Kreuz-As) und kein Selbstwertgefühl mehr hat (Kreuz-As/Karo 10). Gefühlsmäßig (Herz 9) steht sie ihrem Bruder (Pik-Bube) sehr nahe. Dieser kämpft (Kreuz 10) um die Erneuerung seiner Ehe (Herz-Bube/Herz 10). Dies zeigt mir, daß sie sich sehr stark mit ihrem Bruder identifiziert.
In der Vergangenheit liegt ihre erste Liebe, das heißt, die junge Frau hat sich gefühlsmäßig von diesem Mann gelöst. Er ist, wie man durch den Kreuz-Buben sieht, süchtig. Kreuz-Bube drückt auch seine Resignation und Verzweiflung aus. Er ist absolut blockiert und unfähig. Er ist nicht berufstätig (Kreuz-Bube/Karo 7). Pik 7 und Herz 7 sagen mir, daß er ängstlich und mißtrauisch ist und sich selbst betrügt. Er hat immer wieder große Pläne, die jedoch danebengehen (Herz 7/Pik 10).
In der nahen Zukunft liegt der Vater der jungen Frau (Kreuz-König), der selbständig ist (Karo-König). Sie weiß, daß ihr Vater die Schwägerin sehr mag. Er ist traurig (Kreuz 7) wegen der Situation der Schwiegertochter (Pik-Dame). Wie sich die Ehe des Bruders entwickelt, kann man erkennen, wenn man den Bruder (Pik-Bube) in diesem System auslegt.

Die Zukunft bringt eine neue Aussage. Hier erkenne ich, daß die junge Frau einen Umzug (Pik 8/Herz-As) vor sich hat. Man kann davon ausgehen, daß ihr Studienplatz (Karo-As/Pik-As) in einer anderen Stadt sein wird. Nach ihrem Umzug treten bezüglich des Studiums noch einmal große Zweifel und Sorgen (Kreuz 9) auf. In dieser Phase wird sie ihren Herzenspartner kennenlernen.

Verdrängt wird von der jungen Frau das Verhältnis zu ihrer Mutter. Ich sehe, daß die Mutter sehr berufsorientiert ist (Karo 8) und ihr Glück in ihrem Beruf sieht (Karo-Bube). Die Karten drücken keine Sensibilität aus. Die Mutter hat kein herzliches Verhältnis zu ihrer Familie. Viel wichtiger ist ihr ihre Angestellte (Karo-Dame). Auch mit dieser Frau hat sie teilweise Spannungen (Kreuz 8), aber letztendlich vertragen sich die beiden (Herz 8).

Als nächste Hauptperson nehme ich mir auf Wunsch der jungen Frau den Herz-König vor. Sie kennt ihn noch nicht, möchte aber gerne Näheres über ihn erfahren.

Die Auslage ist auf den folgenden Seiten dargestellt.

Als erstes Bild wird wieder die Gegenwart gelesen. Der zukünftige Herz-König macht sich zur Zeit große Sorgen (Kreuz 9) um die Liebe (Herz 9). Er möchte eine neue Liebe kennenlernen (Herz-Bube), doch Kreuz 7 sagt, daß er noch keine neue Freundin gefunden hat. Er hat ein sehr ideelles Partnerschaftsbild (Herz 10), Geld spielt darin keine Rolle (Karo 9). Seine größte Sorge ist, daß er nicht die richtige Partnerin finden könnte (Pik 7).

In der Vergangenheit liegen bei ihm zwei Freunde (Karo-König/Pik-König), mit denen er wohl zusammen zur Schule gegangen ist (Karo 8). Pik König und Pik Dame sind ein Paar, die Beziehung zu diesen beiden ist im Streit (Kreuz 10/Kreuz-Bube) für immer auseinandergegangen. Man kann davon ausgehen, daß seine ehemalige Freundin (Pik-Dame) sich einem seiner besten Freunde (Pik-König) zugewandt hat. Das hat er offensichtlich nicht verkraftet.

Die nahe Zukunft ist für diesen jungen Mann sehr positiv. Er wird hier selbst als Pik-Bube noch einmal ins Bild gebracht als Kind seiner Mutter (Kreuz-Dame), zu der er ein sorgloses (Pik 9) und harmonisches (Herz 8) Verhältnis hat. Seine Mutter macht sich keine Gedanken (Pik 9) um seinen

nahe Zukunft

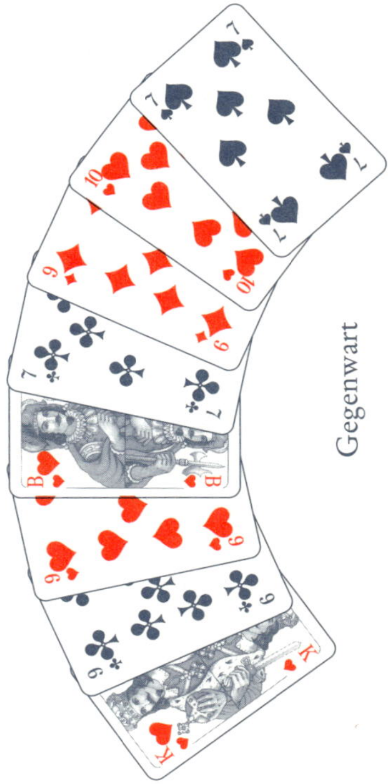

Gegenwart

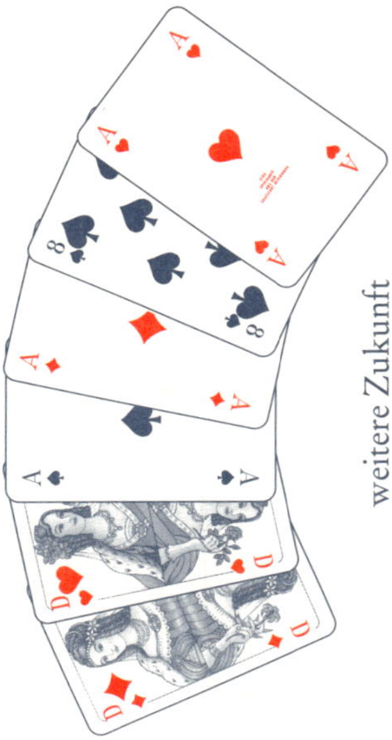

weitere Zukunft

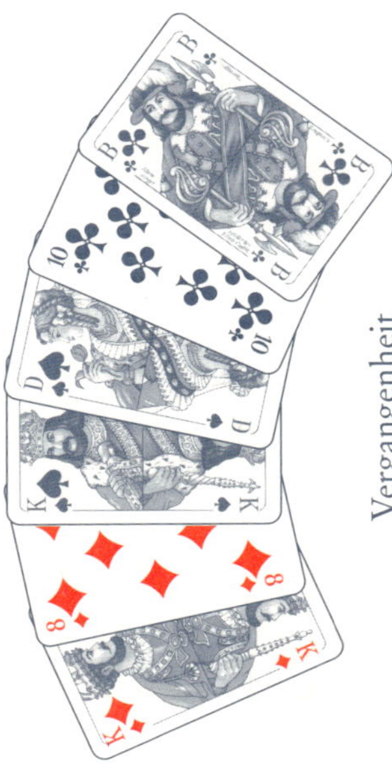

Vergangenheit

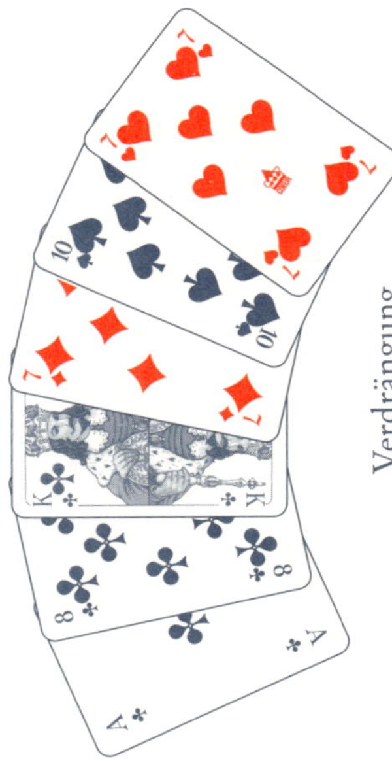

Verdrängung

beruflichen Werdegang. Sie bewundert ihn (Karo 10) und sieht ihn überaus positiv (Karo-Bube). Er ist wohl das einzige und Lieblingskind der Mutter. Die Karten sagen aber nicht aus, daß er ein Muttersöhnchen ist.

Die Situation des Vaters (Kreuz-König) wird von ihm verdrängt. Es muß nicht heißen, daß er keinen Bezug zu seinem Vater hat. Lediglich hat er zur Zeit viel zu viele Probleme mit sich und seinen eigenen Gefühlen.

Sein Vater ist gesundheitlich nicht auf der Höhe (Kreuz-As/Kreuz 8). Trotzdem ist der Vater beständig (Karo 7) und außerdem beruflich viel unterwegs (Pik 10). Er hat Angst, in seinem Beruf betrogen zu werden (Herz 7). Wahrscheinlich kann er auf Grund seiner gesundheitlichen Probleme den Beruf demnächst nicht mehr ausüben.

In der Zukunft des Herz-Königs liegt bereits die junge Dame (Herz-Dame). Er lernt sie als Kommilitonin (Karo-Dame) im juristischen Bereich (Pik-As/Karo-As) kennen. Somit wissen wir, daß auch er Jura studiert. Aus dieser Freundschaft wird Liebe, Karo-Dame wird zur Herz-Dame. Ziemlich schnell denkt er an eine Veränderung (Pik-8/Herz-As) und möchte mit ihr zusammenziehen.

Ob die junge Frau diesen Mann geheiratet hat, weiß ich nicht. Sie rief mich jedoch nach einiger Zeit an und erzählte mir, daß sie einen Studienplatz in einer anderen Stadt erhalten habe und nun auf Wohnungssuche sei. Sie klang wesentlich aufgeschlossener und freute sich bereits auf den Studienbeginn. Mit ihrer Magersucht kämpfte sie immer noch, aber sie hatte sich auf mein damaliges Anraten hin in therapeutische Behandlung begeben.

Bild 2 – Homosexueller Mann – Krankenpfleger

Ein junger, dynamischer und gutaussehender Mann von Ende Zwanzig besuchte mich in Begleitung eines gleichaltrigen Freundes. Sie waren sehr aufgeschlossen und erklärten mir gleich zu Anfang, daß sie ein Paar seien. Der junge Mann sagte mir, daß er seinen Lebensgefährten bei diesem Gespräch dabeihaben wolle. Das erleichterte mir von Anfang an die Deutung der Karten. Aus diesem Kartenbild (Seite 118–119) ist die homosexuelle Partnerschaft sofort zu erkennen. Meistens sind diese Bilder nicht so eindeutig und erst nach intensivem Studium der Karten zu sehen.
Die Schicksalskarten zeigen, daß der junge Mann von seinem Vater (Kreuz-König) eine große finanzielle Zuwendung bekommen wird. Der Vater ist vermögend (Karo 10) und ein Mensch, der sehr viel Anerkennung (auch Karo 10) bekommt. Es liegen Ängstlichkeiten (Pik 7) in den Karten, da diese Zuwendung vertraglich (Pik-As) festgehalten wird. Er braucht sich um diesen Vertrag keine Sorgen zu machen (Pik 9), aber dieser bringt große Veränderungen (Pik 10) mit sich.
Der junge Mann war sehr überrascht und erzähte mir, daß seine Eltern ein Ferienhaus in Südfrankreich besitzen. Um die Erbschaftsregelung zu vereinfachen, wurde bereits über die Möglichkeit gesprochen, daß der Vater ihm das Haus eines Tages überschreibt. Daß dies aber schon so bald geschehen sollte, war für den jungen Mann neu. Daß es sich tatsächlich um das Haus handelt, sehe ich an der Kombination Herz-As/Pik-As.
Die zweite Schicksalsreihe zeigt die enge Beziehung zu seinem Elternhaus (Kreuz-König/Herz-As). Sein Vater ist ein sehr häuslicher und gefühlsbetonter Mensch (Herz-As/Herz 9). Der junge Mann fühlt sich von seinem Vater verstanden. Es ist eine sehr beständige Verbindung (Karo 7), zeitweilig kommen ein paar Sorgen auf (Kreuz 9), wobei es sich nur um ideelle Dinge handelt, die das gute Verhältnis nicht in Frage stellen.
Die derzeitige Lebenssituation des jungen Mannes (Herz-König) ist sehr positiv. Er lebt in einer Gemeinschaft (Herz 10) mit dem Partner (Pik-

Beispiele aus der Praxis

Bild 2

König) zusammen. Die Beziehung ist sehr beständig (Karo 7). Beruflich ist der Herz-König im medizinischen Bereich tätig (Karo-As/Kreuz-As). Es handelt sich hier um eine eher gehobene Stellung. Er bestätigt mir, daß er im Krankenhaus arbeitet und als Pfleger verantwortlich für die gesamte Intensivstation ist. Dadurch erkläre ich mir auch Kreuz-Bube neben Kreuz-As, was auch die Arbeit mit dem Tod bedeutet. Er hat ein sehr gutes Verhältnis zu einer Kollegin (Karo-Dame), die großen Anteil an seiner privaten Situation nimmt und als Herz-Dame als eine sehr gute Freundin zu sehen ist. Sie hat ein Kind (Herz-Bube). Herz-König ist mit seinem Beruf so gut wie verheiratet (Karo-As/Herz 10), wobei ihm aber die Partnerschaft wichtiger ist (Herz 10/Pik-König).

In der Vergangenheit liegt eine Beziehung (Karo-König), die beendet ist (Kreuz-Bube). Der ehemalige Partner war ebenfalls im medizinischen Bereich tätig (Kreuz-As/Karo-As). Der junge Mann sagte mir, daß sein ehemaliger Freund selbständiger Masseur in derselben Klinik sei. Dieser Freund trauert der ehemaligen Verbindung nach (Herz 10/Kreuz 7) und erhofft sich immer wieder, daß die private Beziehung (Herz-As) eine positive Wende bekommt (Karo 10). Für den jungen Mann (Herz-König) ist diese Beziehung endgültig beendet (Kreuz-Bube). Er fühlte sich betrogen (Herz 7) und konnte keine Vertrauensbasis in der Beziehung aufbauen. Der ehemalige Partner hatte große Schwierigkeiten, sich mit Frauen auseinanderzusetzen (Kreuz-Bube/Herz 7/Pik-Dame/Kreuz 8). Er war prinzipiell allen Frauen gegenüber sehr mißtrauisch und negativ eingestellt. Dies erkennt man auch an den Spannungen (Kreuz-As), die zwischen ihm und der Kollegin (Herz-Dame/Karo-Dame) liegen. Es gab immer wieder Ärger (Kreuz-As), der sich auch auf die berufliche Situation auswirkte.

Der jetzige Lebensgefährte (Pik-König) ist etwas jünger (Herz-Bube). Er ist beruflich beständig (Karo 7) und viel unterwegs (Pik 8). Bedingt durch seine berufliche Situation macht er sich immer wieder Sorgen (Kreuz 9). Da er öfters längere Reisen macht (Pik 10), befürchtet er, daß sein Partner ihm in dieser Zeit untreu werden könnte (Herz 10/Herz-König/Herz 7). Diese Sorgen sind jedoch unbegründet. Der Partner erzählt mir, daß er als Fahrer im Auswärtigen Amt angestellt sei und überwiegend Minister auf Aus-

landsreisen begleitete. Die Karten bestätigen diese Aussage. Das Angestelltenverhältnis (Karo 7), die Reisekarte (Pik 8), das Amt (Pik-As). Diesen Berufsbereich übt er mit Leidenschaft aus (Herz 9).
Die persönliche Situation des Partners zeigt Unsicherheiten in der Liebe (Herz 9/Pik 7), des öfteren Liebeskummer (Kreuz 7/Herz 9). Er sorgt sich um die häusliche Harmonie (Kreuz 7/Herz 8/Herz-As) und er meint, um sein Glück ewig kämpfen zu müssen (Kreuz 10/Karo-Bube). Große Sorgen macht er sich wegen der Veränderungen, die durch die Überschreibung des Hauses auf die beiden zukommen (Kreuz 9/Pik 10).
Nun erzählt mir der Partner, daß er immer wieder Angst hat, sein Freund könne ins Ausland gehen, um dort zu leben und tätig zu sein. Durch die Überschreibung des Hauses würden dem Herz-König Wege geebnet, um dieses Vorhaben zu verwirklichen. Er selbst hätte große Schwierigkeiten, ebenfalls ins Ausland zu gehen. Daher die fortwährenden Sorgen um die Beziehung. Aus den Karten war zu ersehen, daß der Herz-König weder eine berufliche Veränderung noch einen größeren Umzug in den nächsten Jahren vornehmen wird.
Pik-König ist in das Elternhaus des Herz-Königs integriert (Herz 8/Herz-As/Kreuz-König).
Mein Kunde (Herz-König) hat einen sehr engen Bezug zu seiner Mutter (Kreuz-Dame), die einen sehr positiven Einfluß auf ihn ausübt (Karo-Bube). Er kann mit ihr sehr offen diskutieren (Kreuz 10), wenn es um Probleme (Kreuz 7) in der Liebe geht (Herz 9). Seine Mutter sieht die Beziehung zu dem jüngeren Partner (Herz 10/Herz-Bube) des Sohnes sehr positiv. Die gleichgeschlechtliche Lebensgemeinschaft ihres Sohnes bereitet ihr keine Probleme.
Das Elternhaus des Pik-König ist in diesem Kartenbild nicht zu erkennen. Es könnte über das zweite Legesystem erfragt werden. Die direkte Vergangenheit (Karo 8/Kreuz 9) läßt darauf schließen, daß er sehr viel Kummer hinter sich hat.
Durch den jungen Mann habe ich später erfahren, daß die Beziehung andauert. Das Haus in Frankreich wurde auf ihn überschrieben. Gemeinsam haben die beiden Männer schon etliche Urlaube in Frankreich verlebt.

Bild 3

Bild 3 Mädchen – sexuell mißbraucht

Eine junge Frau, Mitte zwanzig, besuchte mich und wollte etwas über ihre Zukunft wissen. Sie wirkte aufgesetzt fröhlich. Beim Auslegen der ersten drei Reihen sah ich bereits das verheerende Elternhaus dieser Kundin. Ich sagte ihr, daß es mich erstaunen würde, wie fröhlich sie sei, obwohl sie eine katastrophale Kindheit in einem zerrissenen Elternhaus hinter sich habe. Ihre Stimmung schlug sofort um und sie brach in Tränen aus. Beim weiteren Auslegen konnte ich sehen, daß sich ihre Zukunft wesentlich besser gestalten würde. Nachdem sich die junge Frau beruhigt hatte, analysierte ich ihre gegenwärtige Situation.

Die Schicksalskarten sagen aus, daß sie so sorglos (Pik 9) und positiv leben möchte wie ihre Schwester (Pik-Dame), die die gleichen Probleme wie sie im Elternhaus hatte. Die Schwester ist ein beständiger Mensch (Karo 7). Sie ist langfristig mit ihrem Partner (Pik-König) verbunden. Es handelt sich hier um eine sehr innige und harmonische Verbindung (Herz 9/Herz 8). An der Karo 10 können wir erkennen, daß dieses Paar sein Leben erfolgreich meistern wird.

Die linke Reihe der Schicksalskarten beschreibt den Weg, den diese junge Frau gehen wird. Sie wird ihre Sorglosigkeit (Pik 9) und das positive Denken bzw. die Lebenseinstellung wiederfinden (Karo-Bube). Jedoch ist sie zur Zeit im Umbruch (Kreuz 7) und glaubt noch nicht an diese positive Wende. Sie wird sich beruflich verbessern und, nachdem sie ihren Weg gefunden hat, auch in der Lage sein, eine Liebesbeziehung einzugehen. Sie wird einen Mann kennenlernen (Herz-König), der beruflich erfolgreich (Karo-As) und sehr gefühlsbetont ist (Herz 9). Für ihn zählen ideelle Werte mehr als materielle Werte. Seine Wertvorstellungen (Karo 10) beziehen sich auf die Familie bzw. auf die Ehe (Herz 10), wobei Harmonie eine wichtige Rolle spielt (Herz 8). Das sind die Aussagen der Schicksalskarten.

Nun durchleuchte ich, in welcher Situation sich die Frau zur Zeit befindet und welche Vergangenheit sie hat.

Im Augenblick hat die Herz-Dame noch ein etwas distanziertes Verhältnis zum zukünftigen Schwager (Kreuz 7). Zur Zeit ist sie (Herz-Dame) völlig resigniert und verzweifelt (Kreuz-Bube/Kreuz 7). Sie hat große Ängste, schwanger zu werden (Pik-Bube/Pik 7) und hat auch bereits ein Kind verloren (Pik-Bube/Kreuz-Bube). Die junge Frau bestätigte mir darauf, daß sie einen Schwangerschaftsabbruch hinter sich habe. Im Prinzip könnte sie, im Rahmen ihrer Möglichkeiten, beruflich sehr erfolgreich sein (Karo-As). Jedoch verbaut sie sich ihre Möglichkeiten selbst (Kreuz-Bube/Kreuz 7). Beruflich hat sie gerade eine Veränderung hinter sich (Pik 8/Karo 8). Diese Änderung war positiv (Karo-Bube).

Zu ihrer Schwester (Pik-Dame) hat sie ein sehr herzliches Verhältnis; sie bewundert sie (Karo-Bube). Beide haben das gleiche Schicksal.

Das Elternhaus der jungen Frau (Kreuz-Dame/Kreuz-König) liegt bereits in der Vergangenheit. Sie ist dabei, sich total zu lösen. Zwischen den Eltern liegen Eifersuchtskarten (Kreuz 9), Kummer und Leid (Kreuz-As) sowie ewiger Streit (Kreuz 10). Die Mutter (Kreuz-Dame) hat keinerlei Ideale mehr (Karo 9/Kreuz-As). Sie fühlt sich um ihre Hoffnungen betrogen (Herz 7). Sie war bereits in Kur (Kreuz 8/Pik 10). Es war jedoch ein einziger Selbstbetrug (Herz 7). Aus der Kombination Kreuz-As/Kreuz 10/Kreuz-Bube erkenne ich, daß die Mutter eine Alkoholikerin ist und auch sehr wahrscheinlich daran zugrunde gehen wird (Kreuz-Bube). Im Prinzip ist sie ein sehr häuslicher Mensch (Herz-As) und hängt sehr an ihrem Sohn (Karo-König). Damit weiß ich, daß die junge Frau auch einen Bruder hat. Der junge Mann lebt noch im Elternhaus, sieht aber mit sehr viel Sorge (Kreuz 9) das gestörte Verhältnis der Schwestern zu seinen Eltern (Karo-König/Kreuz 9/Kreuz 10/Herz-Dame/Karo-Bube/Pik-Dame).

Der Vater ist die negativste Person in diesem Bild. Er ist krankhaft eifersüchtig (Kreuz 9), unfähig und geschwächt (Kreuz-As), ohne Ideale (Karo 9/Kreuz-As) und er lebt in einer ständigen Lüge (Herz 7). Er ist eifersüchtig auf seine Töchter, er kämpft um die Verbindung zu ihnen (Kreuz 10). Er hat jedoch beide verloren (Kreuz-Bube). Es ist kein Wunder, daß die beiden Töchter sich von ihm abgewandt haben, da sich dieser Mann in der Vergangenheit ständig sexuell an den Töchtern vergangen hat (Herz-

Bube/Kreuz-As/Kreuz 10/Kreuz-Bube). Die Kreuz 7 drückt aus, daß der Vater sich selbst bemitleidet, sein Fehlverhalten nicht wahrhaben will und nach wie vor noch diese Veranlagung hat. Seine Frau (Kreuz-Dame) weiß um diese familiäre Katastrophe und ist auch dadurch zur Alkoholikerin geworden. Die Ehe der Eltern besteht lediglich noch auf dem Papier, jedoch halten sie zusammen, da beide allein völlig lebensuntüchtig sind.

Trotzdem hat der Vater immer noch Angst, daß sich seine Frau von ihm trennen könnte (Pik-As). Er macht sich jedoch nur aus finanziellen Gründen Sorgen um seine Ehe (Pik 7/Herz 10).

Die junge Frau ist dabei, ihre schreckliche Kindheit aufzuarbeiten. Eine beständige Partnerschaft hat sie noch nie gehabt. Sie gibt von sich aus zu, daß sie durch den Mißbrauch des Vaters schwanger geworden war. Sie hat eine Therapeutin (Kreuz-As/Karo-Dame/Karo 8), die es auch geschafft hat, daß sie eine berufliche Veränderung wagte (Pik 8/Karo 8). Die Therapeutin kann den Gefühlsbereich der jungen Frau sehr gut nachvollziehen, da sie fast die gleiche Vergangenheit hat.

Zusammenfassend liegt die Zukunft dieser jungen Frau sehr positiv. Sie wird ihren Berufsbereich verbessern (Karo-As), den Mann ihres Lebens kennenlernen (Herz-König), der sehr kinderlieb ist (Pik-Bube/Herz-Bube) und eine dauerhafte Verbindung eingehen (Herz 10). Bereits jetzt ist zu erkennen, daß sie mit diesem Mann sehr wahrscheinlich einen Sohn bekommen wird (Pik-Bube/Pik 7). Die Verbindung wird sowohl im gefühlsmäßigen als auch im materiellen Bereich erfolgreich sein (Herz 10/Karo 10/ Herz 8).

Anfang Februar 1996, während der Arbeit an diesem Buch, erhielt ich die Nachricht vom Tod der Mutter.

Bild 4 – Übergabe eines Familienunternehmens vom Vater auf den Sohn

Ich hatte einen Termin mit einem Kunden, Mitte bis Ende Dreißig, ein jungenhafter Mann, der mir als erstes erklärte, daß er nicht der Typ sei, der „zum Kartenlegen“ gehe. Im Grunde genommen hätte er keine Probleme, er wüßte, was er wolle, und so richtig glaubte er sowieso nicht an die Kartendeutung. Seine Partnerin war bereits Kundin bei mir, er nannte mir allerdings nicht ihren Namen. Diese Frau war von meinen Aussagen so überzeugt, daß sie nun ihren Partner zu mir schickte.
Ich begann das Kartenbild auszulegen (vgl. die folgenden Seiten).
Als erstes deutete ich die Schicksalskarten:

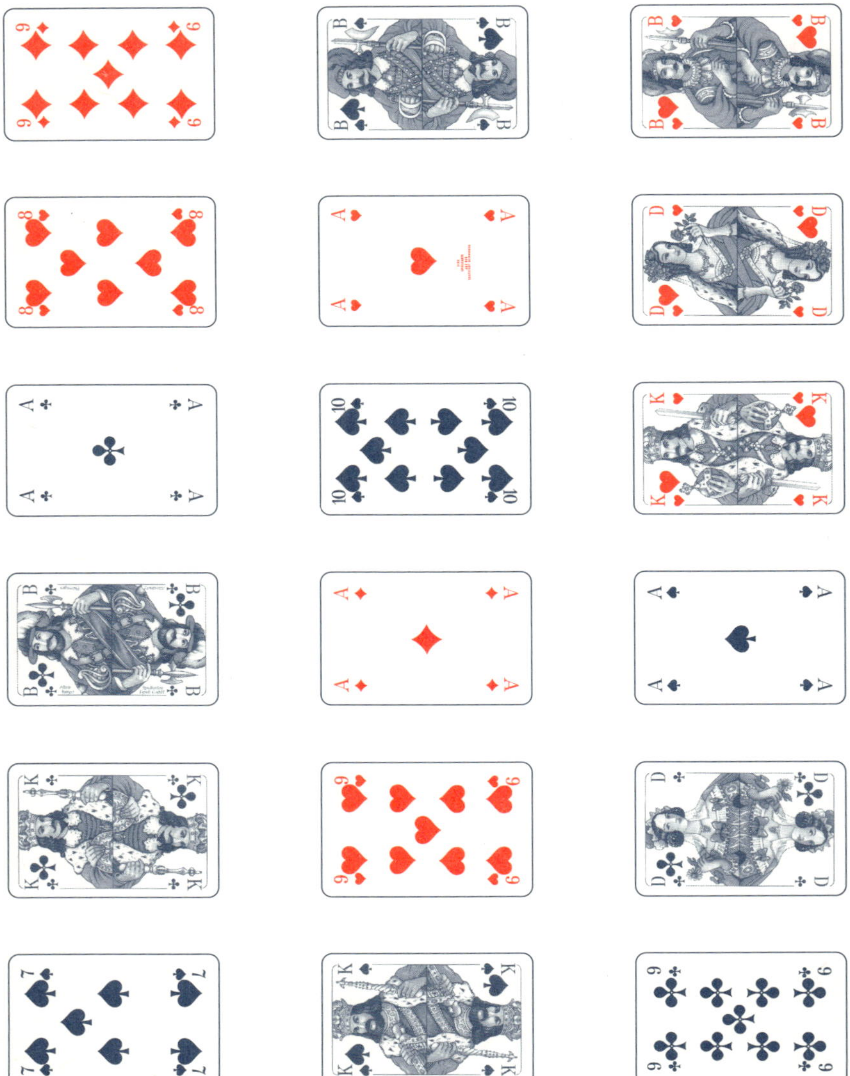

Die beiden Schicksalskarten sagen aus, daß er sich keine Sorgen um einen Mann zu machen braucht, mit dem er beruflich zu tun hat (Pik 9/Karo-König). Dieser Mann ist verheiratet mit Karo-Dame. Bei diesen beiden steht eine Erbschaft an (Karo 10). Mein Kunde hörte mir sehr skeptisch zu. Ich mußte mir Hilfe holen, um zu sehen, um welche Art Erbschaft es sich handelt. Dazu las ich die Karten diagonal Karo 10/Herz 7/Herz-König/Karo-As/Kreuz-König. Es handelt sich um einen Familienbetrieb. Der Vater (Kreuz-König) ist der Chef. Ich fragte meinen Kunden, ob er beruflich viel unterwegs sei, was er mir bestätigte. Aus Karo-As und Pik 10 schloß ich, daß es sich um ein Import-Export- oder ein Taxi-Unternehmen handeln mußte. Nun war mein Kunde völlig perplex und bestätigte mir, daß es sich um ein Taxiunternehmen handelte, das in Kürze auf ihn überschrieben werden sollte.
Ich kehrte nochmals zu den Schicksalskarten zurück. Aus diesen geht eindeutig hervor, daß Karo-König die Erbschaft macht, das heißt der Betrieb wird auf diesen überschrieben. Der junge Mann sagte, daß er einen Bruder hat, der mit im Geschäft arbeitete. Es sei für ihn ganz ausgeschlossen, daß sein Bruder, das Unternehmen erhalten würde. Ich mußte ihn leider enttäuschen, denn die Herz 7 mit Karo 10 zeigt eindeutig, daß er um dieses Erbe betrogen wird. Jedoch braucht er sich um diese Situation keine Sorgen zu machen, denn er wird keine finanziellen Verluste erleiden.
Der Bruder selbst ist erfolgreich (Karo 10) und ebenfalls als Taxifahrer tätig (Pik 8). Er ist außerdem sehr kinderlieb und hat zwei Kinder (Herz-Bube/Pik-Bube). Er sieht die Dinge sehr ideell und nicht materiell (Karo 9). Seine Frau ist dagegen etwas schwieriger. Auch sie wird Mitinhaberin der Firma werden (Karo-Dame/Karo 10), jedoch hat sie persönliche Probleme mit der Partnerin meines Kunden. Herz 7 zeigt, daß ein trügerisches und unehrliches Verhältnis zwischen den beiden Frauen herrscht. Diese Situation geht von der Karo-Dame aus, sie traut der Herz-Dame nicht über den Weg. Herz-Dame ist jedoch ein sehr häuslicher und harmonischer Mensch (Herz-As/Herz 8). Sie ist nicht berufstätig, sondern möchte gerne eine Familie gründen und Hausfrau und Mutter sein. Dieser Wunsch wird in Erfüllung gehen, da sie schwanger ist und voraussichtlich Zwillinge bekom-

men wird (Pik 8/Herz-Bube/Pik-Bube). Da sie noch nicht verheiratet ist, sagt Herz 7, daß es sich um uneheliche Kinder handeln wird.
Mein Kunde war völlig überrascht und bestätigte mir, daß er eine Freundin habe. Daß diese außerdem noch schwanger sein sollte, war ihm völlig neu. Er hörte mir jedoch weiter sehr skeptisch zu. Da ich bisher noch keine Aussagen über ihn gemacht hatte, wollte er mir nicht glauben.
Als nächstes las ich die Aussagen der momentanen Situation und die der Vergangenheit. Herz-König ist verheiratet (Herz 10), er befindet sich bereits in Trennung (Pik-As), die Scheidung steht an (Pik-As). Er hat bereits eine neue Partnerin (Herz-Dame), die schon in den Schicksalskarten gedeutet wurde. Außerdem steht er unmittelbar vor einer häuslichen Veränderung (Pik 10/Herz-As) und ist völlig auf seine neue Familie fixiert. Jetzt bestätigte mein Kunde zum ersten Mal, daß er sich tatsächlich in Trennung befinden und in den nächsten Tagen zu seiner neuen Partnerin ziehen würde. Von einer Schwangerschaft hatte sie ihm noch nichts erzählt. Sein berufliches Bild (Karo-As/Pik 10) ist gefestigt. Trotzdem fällt ihm zur Zeit seine Arbeit schwer (Pik 10/Kreuz-As) und er selbst ist gesundheitlich angegriffen (Kreuz 8). Er bestätigte mir, daß durch die Trennung von seiner Ehefrau die gesamte familiäre Situation sehr angespannt sei, und er darunter leide.
Mein Kunde begann nun Fragen zu stellen. Er konnte nicht glauben, daß das Unternehmen nicht an ihn gehen sollte. Ich beschrieb ihm nun das Kartenbild. Daraus geht hervor, daß seine Eltern (Kreuz-König) eine sehr liebevolle Beziehung zueinander (Herz 9/Kreuz-Dame) haben. Auch die Mutter ist an dem Unternehmen beteiligt (Karo-As/Pik-As). Sie haben eine sehr gute Beziehung zu der Noch-Ehefrau meines Kunden (Pik-Dame). Diese ist sehr positiv (Karo-Bube) und sehr berufsorientiert (Karo 8). Sie kämpft um ihre berufliche Anerkennung (Kreuz 10). Auch sie arbeitet im Familienbetrieb und wird in diesem Unternehmen bleiben. Der Vater will in Kürze aus gesundheitlichen Gründen seine Tätigkeit beenden (Kreuz-Bube/Kreuz-As). Er ist ein harmonischer und ideeller Mensch (Herz 8/Karo 9). Ursprünglich sollte dieser Betrieb tatsächlich an meinen Kunden überschrieben werden (Karo-As/Pik 10/Pik-As). Da der Vater die

Trennung seines Sohnes nicht akzeptiert (Kreuz-Bube/Pik 10), und er sich auch geschäftlich von ihm enttäuscht fühlt (Karo-As/Herz-König/Herz 7), wird er nun den Betrieb an den jüngeren Sohn überschreiben.
Die Ehe meines Kunden war sehr schwierig (Kreuz 10/Herz 10) und durch die berufliche Tätigkeit (Karo-As/Pik-As) stark belastet. Die Ehefrau war sehr berufsorientiert und kein Gefühlsmensch. Für die Schwiegereltern war sie jedoch die ideale Geschäftsfrau. Mein Kunde bestätigte mir nun, daß er seine Frau manchmal tagelang nicht gesehen hatte. Er kam in dieser Beziehung gefühlsmäßig zu kurz. Sein Wunsch nach Kindern war sehr groß, seine Frau wollte jedoch auf keinen Fall Kinder haben.
Insgesamt zeigt das Kartenbild für meinen Klienten eine harmonische Zukunft. Nur die weitere Zusammenarbeit mit seiner Noch-Ehefrau wird sich zeitweise als problematisch erweisen. Das Taxiunternehmen zu übernehmen, wird ihm leider nicht gelingen, jedoch wird er trotzdem beruflich erfolgreich sein. In seinem Privatleben werden sich seine Wünsche nach Familie und Kindern erfüllen. Selbst seine Eltern werden zu seiner neuen Frau ein gutes Verhältnis finden.

Astrologie

Widder
ISBN: 3-8068-**1741**-3

Die anderen Sternzeichen dieser Reihe:

1742-1	Stier
1743-X	Zwillinge
1744-8	Krebs
1745-6	Löwe
1746-4	Jungfrau
1747-2	Waage
1748-0	Skorpion
1749-9	Schütze
1750-2	Steinbock
1751-0	Wassermann
1752-9	Fische

In dieser aufwendig ausgestatteten Sternzeichenreihe finden Sie alles Wissenswerte und Interessante zu jeweils einem Sternzeichen. Dazu: Anleitung zur Aszendentenberechnung, Planetentabellen und Checks zur persönlichen Übereinstimmung.

Alle Bücher haben 80 Seiten, sind durchgehend vierfarbig, gebunden und kosten **DM 14,90**.

Kinderhoroskop
Von W. Noé, 152 S.,
85 Vignetten, kartoniert
ISBN: 3-635-**60242**-6
Preis: DM 14,90

Lernen Sie Ihr Kind so kennen, wie es wirklich ist; denn aus astrologischer Sicht hat jedes Kind für sein Sternzeichen typische Verhaltensweisen und seinen eigenen Charakter. In diesem esoterischen Ratgeber finden Sie Antworten auf alle Fragen, die Eltern bewegen.

Der astrologische Kreis
Von J. Rachlitz, 160 S., mit Planetentabelle, kartoniert
ISBN: 3-635-**60336**-8
Preis: DM 16,90

Mit Hilfe dieses astrologischen Ratgebers können Sie anhand von Horoskopberechnung, -deutung und -darstellung Ihr eigenes Horoskop und das anderer Menschen erstellen.

Der immerwährende Kalender der Mondkraft
Von S. Heideweg, 160 S.,
7 s/w-Fotos, kartoniert
ISBN: 3-635-**60301**-5
Preis: DM 14,90

Die Kraft des Mondes wirkt und hilft. Wie Sie davon am besten profitieren, verrät Ihnen dieser Ratgeber.

Chinesisches Horoskop
Von G. Haddenbach, 88 S.,
kartoniert
ISBN: 3-635-**60006**-7
Preis: DM 9,90

Die chinesische Astrologie deutet den Charakter und das Schicksal nach Jahren. In diesem Buch finden Sie viele Antworten zu ihrem persönlichen Tierzeichen.

Liebes-Horoskop
Von W. Noé, 120 S.,
kartoniert
ISBN: 3-635-**60297**-3
Preis: DM 12,90

Die Sterne prägen die erotische Anziehung. Dieser astrologische Ratgeber zeigt Ihnen den Weg zu einer befriedigenden und erfüllten Partnerschaft.

FALKEN TaschenBuch
FALKEN

Stand der Preise 1.5.1997 · Änderungen vorbehalten

Kochen

Preiswert kochen
Von E. Fuhrmann – 136 S.,
40 Farbzeichnungen, kartoniert
ISBN: 3-635-**60025**-3
Preis: DM 12,90

Auch mit preiswerten Lebensmitteln lassen sich attraktive Gerichte zubereiten. Das beweist dieser praktische Ratgeber mit über 120 fantasievollen Rezepten für jeden Geschmack.

Vegetarisch kochen
Von Prof. Dr. C. Leitzmann, K. Dittrich, C. und G. Kurz – 128 S.,
30 Farbzeichnungen, kartoniert
ISBN: 3-635-**60026**-1
Preis: DM 12,90

Ernährung soll heute schmackhaft und unkompliziert sein, aber leistungsfähig und fit halten. Die vegetarische Ernährung erfüllt all diese Ansprüche. Mit über 85 Rezepten macht dieses Buch allen Lust aufs „Kochen mit dem grünen Löffel".

Waffeln
Von S. Koch – 146 S.,
30 Farbzeichnungen, kartoniert
ISBN: 3-635-**60034**-2
Preis: DM 14,90

Frischgebackene Köstlichkeiten laden zum Genießen ein: schnell zubereitet, lassen sie sich vielfältig variieren und mit den verschiedensten Beilagen kombinieren. Bei den über 220 Rezepten für Waffeln, Pfannkuchen, Crêpes und Hörnchen ist garantiert für jeden Geschmack etwas dabei.

Mikrowellen-Kochbuch
Von B. Pfeiffer – 128 S.,
40 zweifarbige Vignetten, kartoniert
ISBN: 3-635-**60008**-3
Preis: DM 12,90

Möchten Sie nicht auch einmal mehr mit Ihrer Mikrowelle machen, als nur Essen aufzuwärmen? In diesem praktischen Ratgeber finden Sie über 130 köstliche Gerichte für jeden Anlass. Die Rezepte sind für Solo-, Grill- und Kombinationsgeräte geeignet.

Vollwertig backen
Von R. Raffelt – 110 S.,
84 Zeichnungen, kartoniert
ISBN: 3-635-**60082**-2
Preis: DM 12,90

Das „Vollkorn" ist reich an wertvollem Eiweiß, lebensnotwendigen Vitaminen, essentiellen Fettsäuren und wichtigen Mineral- und Ballaststoffen. In diesem Buch finden Sie 140 leckere Rezepte für Vollkornbackwaren.

Rezepte mit Joghurt, Kefir & Co.
Von G. Volz – 104 S.,
54 Abbildungen, kartoniert
ISBN: 3-635-**60068**-7
Preis: DM 12,90

Nicht nur als Zwischenmahlzeit sind Sauermilchprodukte beliebt, sondern sie werden auch von denen bevorzugt, die auf ihre Linie achten. Wie vielseitig Joghurt, Kefir & Co. verwendet werden können, zeigen die nahezu 100 abwechslungsreichen Rezepte in diesem Kochbuch.

FALKEN TaschenBuch

Figuren aus Wellpappe
ISBN: 3-8068-**1821**-5

FALKEN Reihe: Einfach kreativ

Zu aktuellen Trends und traditionellen Themen zeigt die Reihe *Einfach kreativ* besonders schöne, ausgewählte Objekte, die ausführlich vorgestellt werden. Die Anleitungen sind übersichtlich auf je einer Buchseite angeordnet, auf der gegenüberliegenden Seite ist das Bastelobjekt auf einem ganzseitigen Foto zu sehen. Im Anhang dazu die Vorlagen in Originalgröße: zum problemlosen Abpausen oder Nacharbeiten.

Alle Bücher sind durchgehend vierfarbig, kartoniert und kosten **DM 12,95**.

Weitere Titel aus dieser Reihe:

1763-4 Geldgeschenke
1814-2 Geschenkgutscheine und -anhänger für alle Sternzeichen
1762-6 Basteln fürs Kinderzimmer
1765-0 Fan-Freundschaftsbänder
1820-7 Moosgummi für Kaufladen und Puppenküche
1760-X Geschenkideen aus Moosgummi
1818-5 Kleine Geschenke aus Strickschlauch
1816-9 Lustige Tiere aus Artischockentechnik
1819-3 Fensterbilder Teddys im Zirkus
1817-7 Schultüten
1822-3 Basteln mit Pappmaché

Freundschaftsbänder
Von A. Neeb, E. Walch u. a.,
64 S., 34 Farbfotos, 65 Farbzeichnungen, kartoniert
ISBN: 3-8068-**1720**-0
Preis: DM 19,90

Dieses Buch stellt die große Material- und Stilvielfalt von Freundschaftsbändern vor: klassische Knoten und Muster, Makrameeknoten, Geflochtenes, Webarbeiten mit Indianerperlen und vieles mehr. Alle Bänder sind großformatig abgebildet und werden Schritt für Schritt erklärt.

Artischockentechnik
Von M. von Perbandt, K. Teuber,
64 S., 51 Farbfotos, 24 farbige Zeichnungen, kartoniert
ISBN: 3-8068-**1682**-4
Preis: DM 19,90

Die Artischockentechnik zählt zu den beliebten Formen der kreativen Oberflächengestaltung. Neben einem ausführlichen Grundtechnikteil zeigt dieses Buch viele neue Gestaltungsideen, bei denen dieses Hobby seinen Einsatz findet.

Stempeln
Von P. Läpple, E. Metz,
80 S., 136 Farbfotos, kartoniert
ISBN: 3-8068-**1823**-1
Preis: DM 19,90

Grenzenlos ist die Auswahl an Stempelmotiven und die Möglichkeit, sie kreativ einzusetzen. Das FALKEN Buch informiert über aktuelle Materialien, Techniken und Einsatzmöglichkeiten der Stempel. Im Galerieteil finden sich viele Anregungen und Geschenkideen.

FALKEN

Spiele

Kartenspiele für eine Person
Von M. Fuchs, R. Luwisch
80 S., zweifarbig, kartoniert
ISBN: 3-8068-**1689**-1
Preis: DM 16,90

Kartenspiele für Zwei
Von M. Fuchs, R. Luwisch
80 S., zweifarbig, 95 Zeichnungen, kartoniert
ISBN: 3-8068-**1694**-8
Preis: DM 16,90

Bridge für Einsteiger
Von B. Ludewig, 104 S., zweifarbig, 3 s/w-Fotos, kartoniert
ISBN: 3-8068-**1691**-3
Preis: DM 16,90

Doppelkopf
Von U. Vohland, 80 S., zweifarbig, kartoniert
ISBN: 3-8068-**1828**-2
Preis: DM 16,90

Schach für Einsteiger
Von E. Heyken, 128 S., zweifarbig, kartoniert
ISBN: 3-8068-**1724**-3
Preis: DM 19,90

Es gibt wohl kaum etwas, das so abwechslungsreich ist wie spielen. Denn egal, ob allein, zu zweit oder in größerer Runde, ob zu Hause, auf einer Party oder auf Reisen, immer gibt es zahlreiche Spielideen – doch kennen muss man sie. Damit dies zukünftig kein Problem mehr ist, gibt es die FALKEN Spiele-Bibliothek, die kompakt, übersichtlich und leicht nachvollziehbar alle bekannten Spiele vorstellt.

111 Spielideen, das Gedächtnis zu trainieren
Von T. Werneck, 96 S., zahlreiche s/w-Abbildungen, kartoniert
ISBN: 3-8068-**1829**-0
Preis: DM 16,90

Denkspielereien für helle Köpfe
Von T. Werneck, 80 S., zweifarbig, kartoniert
ISBN: 3-8068-**1695**-6
Preis: DM 16,90

Backgammon für Einsteiger
Von M. B. Fischer, E. Heyken
104 S., 172 s/w-Zeichnungen, kartoniert
ISBN: 3-8068-**1690**-5
Preis: DM 16,90

Go für Einsteiger
Von H. Otake, S. Futakuchi
176 S., 606 s/w-Zeichnungen, kartoniert
ISBN: 3-8068-**1692**-1
Preis: DM 24,90

Mah-Jongg
Von D. Köhnen, 64 S., 62 s/w-Zeichnungen, kartoniert
ISBN: 3-8068-**1693**-X
Preis: DM 16,90

Spielideen für Partys
Von E. und H. Bücken, 80 S., zweifarbig, kartoniert
ISBN: 3-8068-**1725**-1
Preis: DM 16,90